# 규제의 역설

# 규제의 역설

**왜 좋은 의도로 만든 정책이 나쁜 결과를 가져올까?**

| | |
|---|---|
| 초판 1쇄 발행 | 2020년 7월 17일 |
| 초판 4쇄 발행 | 2021년 9월 7일 |

| | |
|---|---|
| 지은이 | 최성락 |
| 펴낸이 | 최용범 |

| | |
|---|---|
| 편집 | 진용주 |
| 디자인 | 김태호 |
| 관리 | 강은선 |
| 인쇄 | ㈜다온피앤피 |

| | |
|---|---|
| 펴낸곳 | 페이퍼로드 paperroad |
| 출판등록 | 제10-2427호(2002년 8월 7일) |
| 주소 | 서울시 동작구 보라매로5가길 7 1322호 |
| 이메일 | book@paperroad.net |
| 페이스북 | www.facebook.com/paperroadbook |
| 전화 | (02)326-0328 |
| 팩스 | (02)335-0334 |
| ISBN | 979-11-90475-20-4 (03300) |

# 규제의 역설

최성락 지음

왜 좋은 의도로 만든 정책이
나쁜 결과를 가져올까?

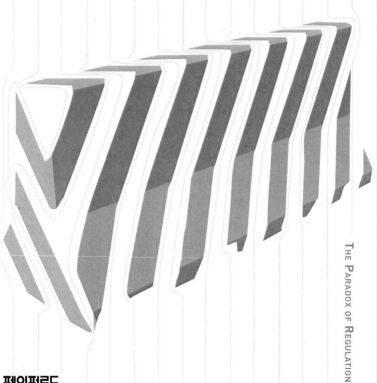

THE PARADOX OF REGULATION

페이퍼로드
paperroad

*l*

**3장**                              **사적 이익의 추구는 규제할 수 있을까**

**4장**                              **시장 보호라는 오래된 미신**

**5장**                                   **선의의 피해자들**

# 6장　　　　　　　　　　　　　　잘못된 진단의 나비효과

# 7장　　　　　　　　　　　　　　하면 된다는 생각

# 피할 수 있던 규제의 역설

—선의의 실패를 보여주는 로베스피에르의 우유 파동

1789년 프랑스 대혁명이 일어나고 4년 뒤인 1793년, 급진파를 대표하는 자코뱅당의 로베스피에르가 정권을 잡았다. 로베스피에르는 순수하고 정의감에 넘치는 사람이었다. 자기 개인의 사익이 아니라 진심으로 국민들을 위해 일할 각오와 또 그럴 만한 능력이 있었다. 로베스피에르는 국민들의 삶을 걱정하고 그들의 삶이 개선될 수 있도록 여러 조치들을 취했는데, 우유 값 인상 금지도 그중 하나였다. 하지만 이 조치는 정부의 선의가 정책으로 실현되면서 오히려 더 나쁜 결과를 낳는 대표적인 사례로 남았다.

혁명으로 사회 분위기가 어수선한 속에서 우유 값이 계속 올라 국민들이 어려워하자, 로베스피에르 정부는 우유 값을 싸게 책정하고, 그 가격보다 비싸게 우유를 파는 사람들을 처벌했다. 로베스피에르는 공포 정치로 유명했다. 정부 지침을 어기는 사람에게는 가차 없이 사형이나 징역 등의 처벌을 내리곤 했다. 그런 정부가 강력한 조치로 우유 가격을 묶어 놓았으니 누구나 다 쉽게 우유를 사먹을 수 있어야 했다.

그런데 가격은 싸졌지만 시장에서 우유를 구하기가 어려웠다. 정부가 정한 가격에 우유를 팔면 적자가 나니까 목장 주인들이 시장에 우유를 내놓지 않았던 것이다. 목장 주인들이 우유 생산과 판매를 기피하면서 시장에서는 우유를 찾기가 어려워졌다. 서양에서는 우유의 쓰임새가 많다. 아이들 성장 과정에도 필요하고, 또 빵과 치즈를 만드는 데도 쓰인다. 여러 이유로 우유를 찾는 사람들이 생기자 암시장에서 우유가 거래되기 시작했다. 이제 국민들은 암시장에서 이전보다 훨씬 비싼 가격으로 우유를 사게 되었다.

정부 조치와 달리 우유가 암시장에서 높은 가격에 거래되자 로베스피에르는 그 원인을 조사했다. 목장 주인들이 우유를 시장에 내놓지 않는 것이 원인이었다. 왜 우유를 시장에 내놓지 않을까? 젖소를 키우기 위해서는 목초 등 사료가 필요하다. 우유 값이 그 사료 가격을 충당할 정도는 되어야 하는데, 혁명 정부가 정한 우유 값으로는 사료 값을 맞출 수 없었다.

로베스피에르의 해결책은 이전과 똑같았다. 사료가 비싸서 문제라면 사료 가격을 낮추면 된다. 혁명 정부는 젖소가 먹는 목초 사료 가격을 낮게 정하고, 이 가격보다 더 비싸게 판매하는 사람은 강력히 처벌했다. 우유 값과 마찬가지로 사료 가격도 공식적으로는 낮아졌다. 사료 가격이 낮아졌으니 이제 목장 주인들은 우유를 싸게 팔아도 충분히 이익이 날 수 있다. 그런데 시장에서 사료가 사라져버렸다. 목초 사료를 만들던 사람들이 더 이상 사료를 만들지 않으려 했다. 혁명 정부가 정한 가격으로 팔면 손해를 볼 뿐이니 굳이 일을 하려고 하지 않았다. 이렇게 사료가 귀해지면서 젖소가 먹을 것이 없어졌다. 젖소가 굶기 시작했고 젖소가 굶으니 우유가 나오지 않았다.

이전에는 비싼 가격이라도 우유가 암시장을 통해 유통되었다. 그런데 이번에는 정말로 우유 자체가 사라져버렸다. 우유를 구하기가 더 어려워지고, 암시장에서는 우유 값이 계속 폭등했다. 우유 값 폭등에 따라 빵과 치즈 등의 가격도 올랐다. 빵과 치즈는 프랑스 사람들이 매일 먹는 주식이다. 매일 먹는 음식 값이 폭등하면 어떻게 될까? 결국 국민들은 로베스피에르를 쫓아낸다. 길로틴 처형장으로 향하는 로베스피에르를 두고 군중들은 우리에게서 빵과 우유를 빼앗아 간 자라고 비난했다. 국민들이 저렴한 가격에 우유를 살 수 있게 하려던 로베스피에르의 착한 정책이 오히려 국민들의 생활을 어렵게 만들었고 결국 본인까지 죽음으로 내몰고 말았다. 규제의 역설이 전하는 무시무시한 이야기다.

　　　　　　　　　　—잘못 설계된 정책의 실패, 코브라의 역설

잘못 설계된 정책이 의도하지 않았던 나쁜 결과로 이어지는 사례들은 정말 많다. 종종 코미디 같은 일도 일어난다. 19세기 영국은 인도를 식민지로 삼아 경영했다. 당시 인도에는 코브라가 많았다. 코브라는 맹독을 가진 뱀이다. 코브라에 물려 죽거나 다치는 사람들이 많이 나오자, 영국 식민지 당국은 코브라의 개체 수를 줄이기 위한 정책을 시행했다. 사람들이 코브라를 잡아오면 그에 대해 포상금을 지급하는 것이었다.

포상금을 내걸자 기대한 것처럼 사람들이 코브라를 많이 잡아오기 시작했다. 이 정책이 제대로 운영된다면 처음에는 사람들이 잡아오는 코브라의 개체 수가 많다가 시간이 지나면서 점차 그 수가 줄어들어야 정상이다. 많이 잡은 만큼 코브라의 개체 수가 줄어들 것이기 때문이다. 그런데 이상한 일이 벌어졌다. 사람들이 잡아오는 코브라의 개체 수가 줄기는커녕 오히려 점점 늘어난 것이다. 이미 엄청난 양의 코브라를 잡아 없앴는데, 어디서 그렇게 또 많은 코브라가 생겨난 것일까?

진실은 간단했다. 사람들이 코브라를 사육해서 키웠던 것이다. 코브라를 가져가면 식민 당국이 돈을 준다고 하니, 아예 코브라를 잡아 집에다 두고 번식까지 시켰던 것이다. 많은 집에서 코브라를 기르고 번식을 시키니 자연 상태보다 더 많은 코브라가 생겨날 수밖에 없었다.

이제 식민 당국은 코브라를 잡아오면 포상금을 주는 정책을 폐기했다. 그동안 코브라를 기르던 사람들은 이제 더 이상 코브라로 돈을 받을 수 없게 되었다. 코브라를 집에서 기르려면 먹이를 주어야 하고 그만큼 시간과 돈이 들어간다. 코브라의 먹이 값보다는 식민 당국이 주는 포상금이 컸기 때문에 굳이 코브라를 키웠던 것이다. 포상금이라는 보상 기제가 사라지자 사람들은 기르던 코브라를 숲에다 그냥 풀어놓아 버렸다. 사육하던 코브라들이 숲에 버려지면서 이전보다 코브라가 더 늘어나고, 결국 코브라로 인해 죽거나 다치는 사람들도 이전보다 더 많아졌다.

우유 값을 낮추고자 한 정책이 우유 값 폭등을 불러오고, 코브라를 없애려고 한 정책이 오히려 코브라를 늘렸다. 우유 값의 역설, 코브라의 역설이라는 이름으로 그 이후로 많은 사람들에게 허탈한 웃음을 안긴 사례들이다.

각각 18세기와 19세기에 일어난 일이니 옛날이야기처럼 느껴질 수도 있을 것이다. 하지만 당시의 프랑스와 영국은 세계에서 가장 발달한 선진국이었다. 이제는 저런 식의 황당무계하고 엉터리 같은 정책은 사라졌으리라 생각할 테지만 그렇지 않다. 그 당시보다 사람들이 더 똑똑해졌고 경제와 산업이 발전했어도, 지금도 로베스피에르 혁명 정부나 영국의 인도 식민 당국처럼 실패할 것이 뻔히 보이는 규제를 명분만으로, 선의만으로 추진하는 사례들은 너무나 많다. 우유 값의 역설, 코브라 패러독스 같은 규제는 사라지지 않고 그럴 듯한 정책인 척 하며 계속 등장한다.

사회가 유지되기 위해서는 모든 것을 시민들의 자유 의지에만 맡겨 둘 수는 없다. 그래서 규제 조치, 규제 정책들이 필요하다. 그렇지만 많은 규제들이 로베스피에르의 우유 값이나 인도 식민 당국의 코브라 포상금처럼 잘못 설계되어 의도하지 않았던 나쁜 결과를 낳고 만다. 우유 값의 역설 사례에서 본 것처럼 규제는 우리 일상에 깊게 영향을 미치는 것임에도 불구하고 이제껏 제대로 조명된 적이 별로 없다. 한쪽에서 규제가 필요하다고 이야기하면 다른 쪽에서 규제는 필요없다고 목소리를 높일 뿐이다.

규제란 무엇일까? 규제는 보통 정부가 국민들에게 무언가를 금지하고, 국민이 그 금지한대로 따르지 않으면 처벌 등 불이익을 주는 것을 말한다. "쓰레기를 버리지 마라. 버리면 과태료를 부과한다" "과속을 하지 마라. 과속을 하면 면허를 취소하고 과태료를 부과한다" "1가구 2주택 이상이면 세금을 더 내도록 하겠다" 등과 같이 무언가를 하지 말 것을 요구하고, 그 요구를 받아들이지 않으면 처벌이나 불이익을 주는 것이 규제다.

정부의 많은 활동이 이런 규제를 기반으로 한다. 2019년에 정부가 새로운 정책으로서 입법예고 한 것이 1993건인데, 이중 규제로 분류되는 것이 876건이었다. 정부 활동 중 약44%가 규제에 해당했다.

그런데 이렇게 '무언가 금지하고 이를 위반할 때 처벌하는 것'만을 규제로 보는 건 좁은 시각이다. '국민들의 입장에서 불이익이 되는 것'을 기준으로 해서 규제를 보다 넓게 볼 수도 있다. 이런 광의의 규제에서는 금지인지 아닌지는 고려하지 않고, 국민들에게 실질적으로 불이익이 일어나는가를 기준으로 본다. 이렇게 광의의 규제라는 틀로 보면 대부분의 정부 지원 정책들이 규제로 들어간다. 정부가 행하는 지원 정책들에는 언제나 조건이 있다. 조건을 충족하지 않으면 지원을 끊는 것인데, 그동안 계속 지원을 받다가 갑자기 지원이 끊어지면 지원을 받던 쪽은 어려워지게 마련이다. 그러니 그 조건을 맞추기 위해서 자기 행동에 제약을 할 수 밖에 없다.

### ―사회를 바꾸는 것은 어려운 일이다

대부분의 사람들은 새해가 되면 무언가 결심을 한다. 새해부터 운동을 시작한다든지, 담배를 끊겠다든지, 술을 줄이겠다든지, 외국어 공부를 하겠다든지 등등 자기만의 다짐과 결심을 한다. 하지만 대부분 이런 결심은 제대로 지켜지지 않는다. 1년 동안 결심대로 행동하는 경우는 거의 없고, 1달 동안이나마 유지하는 것도 쉽지 않다. 대부분은 작심삼일로 끝난다.

그렇게 절실하게 결심했는데 왜 작심삼일로 그치고 말까? 그만큼 개인이 자신의 행동을 바꾸는 것이 힘들기 때문이다. 개인이 그러한데 사회가 바뀌는 것은 이것보다 훨씬 더 어려울 수밖에 없다. 정부는 사회를 변화시키기 위해서 여러 정책을 만들고 규제를 실행한다. 하지만 이런 정책과 규제들이 정말로 사회를 제대로 변화시키는 것은 어려운 일이다. 정책과 규제대로 사회가 변해 왔다면 지금 세계 모든 나라가 선진국이 되었을 것이다. 그러나 그런 일은 벌어지지 않는다. 정책이나 규제가 원래 의도한 대로 효과를 내는 경우는 그렇게 많지 않기 때문이다.

아무리 규제가 제대로 집행된다 해도 그 효과가 제대로 나타나는 경우는 별로 없다. 자기 자신을 바꾸고자 하는 결심이 제대로 지켜지지 않는 것처럼, 사회를 변경하고자 하는 정책이나 규제도 제대로 효과를 만들어내지 못한다. 즉 대부분의 정책이나 규제는 실패한다. 큰 문제가 발생하지 않는다 하더라도 원하는 효과가 이루어지지 않으면 실질적으로는 실패한 것이다. 부작용이 적은 규제가 만들어지는 것만으로도 다행이라고 해야 한다.

규제와 정책이 실패하는 대부분의 이유는 그 규제가 어떤 효과를 발생시킬지 미리 잘 알지 못하기 때문이다. 좋은 결과가 나올 줄 알고 시행했는데 결과가 별로 좋지 않다. 그러면 그 다음에 다시 시도하면 된다. 규제를 수정하고 개선해서 더 나은 규제 방법을 마련한다. 처음에는 규제의 효과가 없더라도 계속 개선해 나가다보면 효과가 나기 시작한다. 공무원들은 열심히 일한다. 계속 시행착오를 하면서도 무언가 결과를 낸다. 처음에는 잘 모르더라도 조금씩 나은 방향을 찾아간다.

하지만 규제의 역설은 성격이 다르다. 일반적인 규제는 그 규제의 효과가 어떨지 처음에 잘 모르는 경우가 많다. 하지만 규제의 역설이 발생하는 규제에 대해서는 미리 예상할 수 있다. 규제의 역설은 단순히 부작용이 큰 규제가 아니라, 목적에 오히려 해로운 규제다. 굉장히 독특한 경우이고, 이런 특별한 사항은 대부분 역사적 경험이 있다. 다른 나라에서 과거에 시행했는데 오히려 문제가 되었던 전력이 있고, 그에 대해 많은 연구도 이루어졌다. 그래서 그 규제를 하면 안 된다는 반대 의견이 많이 있다. 그런데 그럼에도 불구하고 규제를 한다. 규제의 역설은 보통 이런 경우에 발생한다.

대표적인 경우가 성매매 금지 규제다. 성매매는 역사적으로 많은 나라에서 금지를 해왔다. 하지만 세계적인 추세는 결국 성매매를 합법화 하는 것으로 바뀌었다. 아무리 강력히 성매매 금지를 해도 성매매는 절대 없어지지 않고, 오히려 음지에서 성매매가 확대되는 역설이 발생했기 때문이다. 하지만 한국에서는 성매매를 강력히 범죄로 단속하기 시작했고, 그 결과 성매매를 대표하던 이미지였던 집창촌은 없어졌다. 그러나 집창촌만 없어졌을 뿐 성매매는 사라지지 않았다. 성매매 금지 규제의 실제 결과는 주택가 근처, 오피스 거리 근처에 변종 성매매 업소들이 대폭 증가했다는 사실이다. 성매매 규제로 성매매 규모가 줄었다고 평가하는 사람은 없다. 오히려 집창촌이 아니라 주택가 근처에 업소가 생기는 것이 더 나쁜 일이다. 이런 식의 역설은 미리 예측 가능하다. 하지만 '이번에는 아닐 것이다', '우리는 다를 것이다'라는 이유로 규제를 실행한다.

단순히 규제의 부작용이 발생하는 것은 규제의 시행착오 과정으로 봐도 된다. 그래서 지금은 문제지만 앞으로 더 나아질 가능성이 존재한다. 하지만 규제의 역설은 보통 그 위험성이 충분히 예상되고 미리 경고되지만, 고집으로 밀어붙이는 경우가 많다. 이것은 시행착오를 통한 개선도 기대할 수 없다. 그냥 안 좋은 결과만 나올 뿐이다. 규제의 역설을 일으키는 규제는 대부분 애초부터 만들어지지 말아야 하는 규제들이다.

이 책은 규제 그리고 규제의 역설을 정면으로 다루는 책이다. 멀리는 수백 년 전의 사례부터 가장 최근의 규제까지 여러 사건들을 망라한다. 미국 옐로스톤의 늑대 사냥이나 산불 예방 정책, 영국의 비닐봉투 정책 등 환경에 가해진 규제들을 살피기도 하고, 루마니아나 리비아, 또 미국의 닌자 론처럼 주택 정책을 둘러싼 어처구니없는 (혹은 그럴듯하게 시작했다 결국 어처구니없는 결과로 끝난) 규제들의 이면을 들여다보기도 한다. 최저임금, 비정규직 보호, 장애 등급제 폐지 등 최근 몇 년간 우리 사회를 달구었던 여러 복지 우선의 규제와 그를 둘러싼 논쟁들도 살핀다. 로베스피에르의 우유 값 규제처럼 모든 상품에 마진 30% 룰을 부과했던 베네주엘라의 거대한 실험과 그만큼 거대한 실패, 보호무역의 장벽을 높여 세계를 대공황에 빠트린 스무트-할리 관세법의 실패 등은 재미있는 에피소드가 아니라 그 교훈을 절실히 배워야 할 역사 사례들이다.

    선한 의도, 좋은 명분이 좋은 결과로까지 이어지지 못한 것은 유감이다. 이런 실패들이 왜 발생했는가를 꼼꼼히 따지고, 개별 정책, 개별 규제의 실패가 아니라 그것이 이미 예견된 실패였음을 알아야 한다. 규제의 역설 현상을 보다 자세히 알고 이해하는 것은 향후 우리 사회를 개선하는 방향을 찾는 데 많은 시사점을 줄 수 있을 것이다. 이 책이 그런 모색에 작은 도움이 되기를 바란다.

# 1장

# 의도와 결과의 불일치

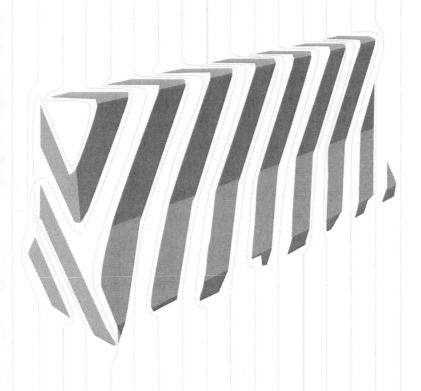

우리에게 가장 익숙한 규제의 역설이 있다. 자녀에 대한 부모의 간섭이다. 부모들은 자녀에 대해 공부해라, 게임하지 마라 등등을 매일매일 이야기한다. 부모가 자녀들에게 이런 말을 하는 것은 자녀들을 위하기 때문이다. 자녀와 아무 관계없는 사람들은 공부해라, 게임하지 말라는 말을 하지 않는다. 이렇게 자녀가 잘 되라고 계속 말을 하는데 이 말을 듣고 공부 열심히 하는 자녀, 게임을 끊는 자녀는 없다. 부모 말을 따라 정말로 게임을 하지 않고 열심히 공부하겠다고 나서는 자녀는 극소수이고, 대부분의 자녀들은 부모의 간섭에 반발한다. 단순히 게임을 하면서 공부를 열심히 하지 않는 것에서 더 나아가 본격적으로 엇나가는 경우도 많다. 분명 좋은 의도로 간섭을 하는 것인데, 결과가 의도대로 나오지 않는다.

가족 내에서 부모와 자식 간에도 의도와 결과가 서로 다르게 나온다. 사람 수가 얼마 되지 않는 가족 내에서도 그런데, 많은 사람들이 모인 사회에서 의도대로 결과가 나오기는 더 힘들 수밖에 없다. 그래서 의도와 다른 결과가 나오는 규제의 역설이 자주 나타난다. 의도와 결과가 다른 규제 역설의 예를 살펴보자.

# 숲을 되살린 옐로스톤 늑대의 패러독스

'옐로스톤'은 미국 중부에 있는 거대한 국립공원이다. 와이오밍, 몬태나, 아이다호 등 3개 주에 걸쳐 있으며 면적이 $8,983km^2$에 이른다. 대한민국의 면적이 $100,210km^2$이니 거의 한국의 1/11 정도에 해당하는 넓이다. 1872년, 미국 최초이자 세계 최초의 국립공원으로 지정되어 근 150여 년의 역사를 자랑한다. 수많은 이야기를 품고 있는 옐로스톤에서 가장 극적인 이야기 중의 하나로 늑대 이야기를 꼽을 수 있다. 바로 대자연에서 규제의 역설을 보여준 멋진 이야기다.

늑대는 육식동물이다. 토끼나 사슴처럼 사람들이 친숙하게 여기는 귀여운 동물들을 잡아먹는다. 늑대가 없으면 토끼, 사슴 등은 먹힐 걱정을 덜하고 지낼 수 있다. 특히 대형 육식동물이 없는 북미대륙에서 사슴의 천적은 거의 늑대뿐이라고 할 수 있다. 이들에게는 늑대가 스트레스의 원인이었다.

늘대는 숲의 동물만 노리지 않는다. 때로는 목축 농가에서 기르는 가축도 잡아먹는다. 가축이 늘대에게 잡아먹히면 농민들이 손해를 본다. 늘대는 초식동물들에게만 위협이 아니라 목축 농가들에게도 생존을 위협하는 적이 되었다. 늘대 같이 다른 동물들을 잡아먹기만 하는 육식동물을 적대시하는 분위기가 점점 커져갔다.

1914년, 미국 의회는 목축 농가의 이익을 보호한다는 명목으로 늘대나 프레리도그 같은 육식동물들을 해로운 동물로 지정하고 제거하기 쉽도록 만들었다. 사냥꾼들이 이런 동물들을 마음껏 사냥하도록 허용한 것이다. 사냥꾼들은 총과 덫을 사용해 늘대를 잡기 시작했다. 그 사냥이 얼마나 효과적이었던지 불과 20년도 지나지 않아 1930년대가 되면 미국 옐로스톤 지역에서 늘대가 사라진다. 미국 전체에서 늘대는 사실상 멸종된 것과 다를 바가 없었다.

늘대가 사라지자 농민들은 안심하고 가축을 잘 기를 수 있었다. 하지만 시간이 지나고 나니 다른 변수가 생겨났다. 바로 사슴 개체 수의 부자연스러운 증가였다. 자연 상태에서는 늘대가 사슴을 잡아먹으면서 사슴 개체 수가 어느 정도 제한이 되었다. 하지만 옐로스톤 지역에서 늘대가 사라지고 나자, 사슴을 잡아먹는 동물도 사라져버렸다. 시베리아 지역이라면 호랑이가 있고, 아프리카라면 사자 등이 있어서 사슴을 잡아먹을 수 있겠지만, 옐로스톤 지역에서는 늘대가 가장 상위의 육식동물이었다. 늘대 다음으로 강한 육식 동물은 코요테였는데, 코요테는 기껏해야 다람쥐나 토끼 같은 조그만 동물들만 잡아먹을 수 있었다. 사슴처럼 큰 동물은 상대할 수 없었다. 결국 늑대가 없어지고 사슴이 기하급수적으로 늘어나기 시작했다.

사슴들은 농가나 목축지까지 내려와 곡식이나 가축에게 줄 목초를 뜯어먹기 시작했다. 가축 입장에서는 이제 늑대에게 잡아먹히는 위험은 사라졌지만, 대신 사슴들이 들이닥쳐 가축들이 먹을 풀들을 다 뜯어먹는 바람에 제대로 자라기 힘든 사태가 벌어진다.

이처럼 늑대를 인위적으로 제한하면서 사슴의 증가가 문제가 되었다. 사람들은 이번에는 사슴의 개체 수를 줄이기 위한 방법을 생각해보았다. 사슴의 개체 수를 감소시키는 방법은 두 가지가 있다. 하나는 사냥을 허가하는 것, 다른 하나는 사슴을 잡아먹을 수 있는 동물을 풀어놓는 것이다. 늑대에서 보았듯 사냥을 허가하는 건 위험한 도박이었다. 사슴을 마음대로 사냥하도록 하면 지나치게 많은 사슴들이 죽을 수 있다. 그래서 옐로스톤 국립공원에서는 사슴을 잡아먹을 수 있는 동물, 즉 늑대를 풀어놓기로 한다.

다른 이유도 있었다. 이제 늑대는 멸종 위기종이었다. 아무리 늑대가 해로운 동물이라도 멸종까지 시키는 것은 곤란했다. 그래서 멸종 위기로부터 보호하는 차원에서 늑대를 풀어놓기로 한다. 1995년, 13마리의 늑대를 옐로스톤 국립공원에 풀어놓는다. 미국에는 늑대가 거의 없어서 캐나다에서 늑대를 구해와 옐로스톤 국립공원에 방사했다.

1914년 당시의 생각에서는 다른 동물들을 잡아먹기만 하는 늑대는 자연계에서 해만 끼치는 나쁜 존재였다. 그런데 1995년 늑대가 옐로스톤에 다시 나타나면서 반전이 일어났다. 1995년에 늑대를 옐로스톤 국립공원에 풀어놓기로 한 것은 지나치게 증가하는 사슴의 개체 수를 줄이고, 늑대가 멸종하는 것을 방지하기 위해서였다. 그런데 늑대가 옐로스톤에 다시 등장하면서 옐로스톤 숲의 생태계가 변화하기 시작했다. 그동안 옐로스톤 생태계는 처음 옐로스톤을 국립공원으로 지정하던 때와는 많이 달라져 있었다. 전체적으로 동물들의 개체 수가 감소하고, 식물들도 규모가 작아졌다. 그런데 늑대를 풀어놓고서 십여 년이 지나자 옐로스톤의 생태계가 과거 19세기 때의 생태계로 복원되었다. 그동안 옐로스톤 동식물의 종류와 개체 수를 늘리려고 많은 노력을 해왔지만 아무 소용이 없었다. 그런데 늑대를 풀어놓은 것만으로 옐로스톤의 생태계는 과거 다양한 동식물이 공존하던 생태계로 돌아갔다. 도대체 무슨 일이 일어났던 것일까? 바로 다음과 같은 일들이 일어났다.

먼저 늑대가 나타나자 사슴들은 서식지를 줄이기 시작했다. 사슴들은 이전에는 숲의 모든 곳을 돌아다녔지만, 이제는 늑대의 공격을 받기 쉬운 곳은 피해 다녔다. 계곡처럼 늑대가 숨어있기 좋은 곳은 피하고, 탁 트여서 늑대들이 접근하는 것을 쉽게 알아차릴 수 있는 곳에서 주로 활동하게 되었다. 그러다 보니 계곡 근처의 풀들이 무성하게 자라기 시작했다. 곧 숲 전체적으로 풀이 증가하고, 나무도 늘어났다. 늑대를 풀어놓은 것만으로 식물이 5배나 증가했다.

나무와 풀들이 늘어나니 작은 동물들도 늘어나기 시작했다. 육식동물인 늑대가 잡아먹기도 했지만, 잡아먹히는 것보다 더 많은 수의 동물들이 생겨났다. 댐을 만드는 비버도 개체 수가 늘었다. 이들이 군데군데 물을 막으면서 늪과 호수가 생겼다. 늪은 생태계의 보고다. 더 많은 동식물들이 몰려들었다. 늑대가 잡아먹고 남긴 시체를 먹기 위해 독수리 등도 모여들었다. 목적했던 대로 사슴의 개체 수는 줄었다. 하지만 사슴 외에 다른 생물들인 풀, 나무, 작은 동물, 새 등이 모두 증가했다. 옐로스톤은 과거의 생태계 모습을 되찾았다.

늑대를 풀어놓으면 이렇게 생태계가 좋아질 것이라고 예상하고서 늑대를 풀어놓은 것은 아니었다. 늑대를 풀어놓은 것은 늑대를 멸종 위기에서 구하고, 지나치게 많은 사슴 수를 어느 정도 줄여보기 위해서였다. 하지만 늑대를 풀어놓은 뒤 일어난 일들을 보고서 사람들은 비로소 깨달았다. 생태계 네트워크는 서로 긴밀히 연결되어 있는 복잡계였다. 늑대가 늘어나면 단지 사슴만 줄어드는 게 아니었다. 하나가 없어지고 추가되었을 때 그 효과는 전방위적으로 발생하는 것이었다.

그리고 또 깨달은 것이 있다. 옐로스톤의 생태계가 그동안 계속해서 악화된 원인은 무엇이었을까? 그동안은 환경오염의 증대, 인간 개발 행위의 증대 등이 그 원인이라고 생각했다. 하지만 가장 결정적이고 중요한 원인은 1914년에 내렸던, 늑대를 멸종시키기로 한 결정이었다. 옐로스톤 생태계의 파괴는 늑대가 없어져서 발생한 것이었다. 늑대로부터 사슴을 보호하려던 규제가, 사슴을 보호해서 생태계를 보전하고자 한 규제가 오히려 생태계를 파괴시킨 주요 원인이었다. 그런 어마어마한 부작용이 있으리라고는 꿈에도 생각하지 못했을, 늑대 규제의 역설이었다.

# 교통사고를 증가시키는 교통 표지판

현대 도시의 풍경 중 하나로 수많은 교통 표지판들을 들 수 있다. 신호등, 횡단보도 표시, 속도 제한 표지판, 과속 방지턱 표지판, 주의하라는 표지판, 사고가 많이 발생하는 지역이라는 표지판 등 수많은 표지판들이 길가에 세워져 있다. 모두 다 운전자들의 안전 운행과 교통사고 감소를 위해 만든 표지판들이다. 그런데 이렇게 표지판들을 많이 세우면 정말로 교통사고가 줄어드는 걸까?

영국 런던에 있는 켄싱턴 하이스트리트는 전통 깊은 유명 쇼핑 거리였다. 1990년대에 켄싱턴 거리는 아직 명성 있는 상업 거리였지만, 어느덧 점차 쇠퇴해 가고 있었다. 그 무렵 대형 쇼핑몰이 도시에 경쟁적으로 들어서고 있었는데, 켄싱턴 주변 지역에도 대형 쇼핑몰이 들어설 예정이었다. 켄싱턴의 쇠퇴가 더 급속해질지 모른다는 위기의식이 싹트면서, 켄싱턴의 상점 주인들과 지자체 정부는 켄싱턴을 살리기 위해서 무언가를 해야 한다는 압박감을 느끼고 있었다. 이 대로라면 켄싱턴 상점가는 죽게 될 것이었다.

상인들과 지자체를 중심으로 켄싱턴 상업 거리를 살리기 위한 방법이 모색되었다. 어떻게 하면 사람들이 다시 켄싱턴 거리를 찾아 오도록 만들 수 있을까? 이때 제안된 방법 중 하나가 거리를 아름답게 만드는 것이었다. 거리의 미관이 좋아지면 사람들을 더 끌어 모을 수 있다. 그래서 켄싱턴은 거리의 미관을 해치는 것들에 대해 일제 정비에 들어갔다. 먼저 가게 간판들을 정비했다. 불필요한 물건들이 거리에 놓여 있는 것도 치워버렸다. 켄싱턴은 상업 거리다. 사람들이 거리를 보다 더 많이, 오래, 편하게 걸으면서 길가의 가게들에 들어가야 한다. 사람들이 거리를 걷는 데 조금이라도 방해가 되는 것들, 가게를 방문하는 데 걸리적거리는 것들은 제거해야 한다.

그런데 거리에 세워진 시설물 중 가장 많은 게 바로 교통 표지판들이었다. 켄싱턴은 어쨌든 런던 중심가였다. 붐비는 시간에는 1시간에 평균 2,500대의 차들이 지나갔고, 지하철역에서는 1시간에 3,000여 명의 사람들이 들어오고 나갔다(한국의 대도시와는 비교할 수 없는 수치기는 하지만, 런던에서는 이 정도면 주요 지역에 들어간다). 차도 많고 사람도 많으니 교통사고도 많이 일어난다. 그래서 켄싱턴 거리에는 안전 운행을 위한 교통 표지판들이 많이 세워져 있었다.

시민들의 안전을 위해서는 필요하지만, 교통 표지판은 미관을 해치고 사람들이 걷는 데도 방해가 되었다. 이때 켄싱턴은 도시 미관이 더 중요했다. 켄싱턴 거리를 깨끗하게 하느냐 아니냐는 켄싱턴 거리가 살아남느냐 죽느냐의 문제였다. 지자체 정부는 과감하게 거리에 늘어서 있는 교통 표지판들을 치워버렸다. 4거리 신호등, 횡단보도처럼 반드시 있어야 하는 교통 표지판 말고는 모두 없애버렸다. 인도와 차도를 구분해 주는 가드레일도 제거했다. 처음에 가드레일을 만든 이유는 분명했다. 무단횡단을 하다가 교통사고를 당하는 사람이 많기 때문이었다. 횡단보도를 만들었지만 사람들은 횡단보도까지 가는 것을 싫어해서 그냥 무단횡단을 한다. 인도와 차도 사이에 높이 가드레일을 세우면 어쩔 수 없이 사람들이 횡단보도를 이용하고, 무단횡단 사고를 줄일 수 있다. 가드레일은 보행자의 안전을 지키는 중요한 장치지만 분명히 보기는 좋지 않다. 켄싱턴은 거리 미관 개선을 우선시 했고, 그래서 이 가드레일도 모두 철거했다. 이런 식으로 그 당시 켄싱턴 거리에 있던 교통안전 시설물의 95%를 없애버렸다.

이렇게 교통 표지판을 없애는 조치는 비난을 받기 쉬웠다. 런던 시당국도 시민 안전을 위한 교통 표지판을 없애는 켄싱턴 자치정부의 조치를 비판했다. 하지만 영국은 지방자치가 잘 되어 있는 나라다. 중앙정부, 런던시 정부가 반대하고 부주의한 조치라고 비난했지만, 켄싱턴 자치정부는 거리 미관 사업을 밀어붙였다. 켄싱턴 입장에서는 거리 미관을 좋게 하는 것이 켄싱턴 거리를 살리기 위해 꼭 필요한 일이었다.

거리에서 교통 표지판들을 치워버리고 나서 어떤 일이 일어났을까? 안전 시설물이 모두 없어졌으니, 거리는 무법천지가 되고 교통 사고가 확 늘어났을까? 하지만 결과는 모두를 놀라게 했다. 표지판들을 없애고 나서 오히려 교통사고가 준 것이다. 그것도 조금 줄은 정도가 아니라 반 이하로 줄어들었다. 보행자가 교통사고로 사망하거나 중상을 입는 비율이 무려 60%나 감소했다. 교통안전을 위한다는 어떤 표지판도 이렇게 좋은 결과를 낳은 적이 없다. 그런데 교통 표지판을 모두 없앴더니 교통사고가 획기적으로 감소한 것이다.

켄싱턴은 교통사고를 줄이기 위해 표지판을 없앤 것이 아니다. 설령 교통사고가 좀 늘어난다 하더라도, 거리를 살리는 게 좋다고 생각한 거였다. 간단하다. 거리 미관을 위해 교통 표지판을 없앤 것이었다. 그런데 오히려 교통사고가 확 줄었다. 여기서 얻을 수 있는 결론은 하나였다. 다양한 교통 표지판, 수많은 신호등, 보행자를 보호하기 위한 가드레일… 교통사고를 줄이기 위해 만든 이런 안전 시스템이 시민들을 더 안전하게 해주지 못했다. 오히려 사고를 유발한 측면이 있었다. 이런 것이 없으면 더 안전한 거리가 될 수 있다.

인도와 차도를 구분하는 가드레일이 있으면, 운전자는 도로에 사람이 없을 것으로 생각한다. 그래서 속도를 낸다. 하지만 아무리 가드레일을 세워도, 가드레일을 넘어 길을 건너려는 사람은 항상 있게 마련이다. 운전자는 가드레일이 있으니 사람이 없을 것으로 생각하고 운전하는데, 갑자기 사람이 튀어나오고 그래서 사고가 난다. 사람이 없을 것으로 생각하고 속도를 내고 있었기 때문에, 무단횡단자는 사망하거나 중상을 입는다. 신호등도 비슷하다. 신호등이 있으면 운전자들은 사람들이 빨간불에서는 건너지 않을 것으로 기대하고 운전을 한다. 그런데 가끔씩 신호등을 무시하고 건너는 사람들이 있고, 이때 큰 사고가 발생한다.

켄싱턴은 가드레일, 교통 신호등, 교통 표지판들을 모두 없앴다. 이제 사람들은 길 건너에 눈에 띄는 가게가 있으면 그냥 길을 건넌다. 횡단보도 있는 곳까지 돌아서 가지 않고, 파란불이 될 때까지 기다리지도 않는다. 켄싱턴이 원했던 게 바로 이것이었다. 사람들이 별다른 제약 없이 더 많이 상점들을 방문하는 것. 물론 도로는 더 난장판이 되었다. 사람들은 아무 때나 아무데서나 길을 건넌다. 위험할 것 같다. 하지만 운전자들도 이 거리에서는 사람들이 아무 때나 아무데서나 길을 건넌다는 것을 안다. 그래서 켄싱턴 거리를 지날 때는 알아서 조심히 지나간다. 속도를 줄이고, 길거리의 사람들이 차도로 오는지 아닌지를 보면서 운전한다. 교통사고는, 특히 사망이나 중상으로 이어지는 교통사고는 빠른 속도일 때 발생한다. 천천히 달리면 교통사고가 잘 나지 않고, 설사 사고가 나더라도 가벼운 부상으로 그치기 쉽다. 켄싱턴 거리는 자동차와 사람들이 서로 섞여 있다. 그러다 보니 운전자들도 알아서 조심하고, 결국 사고 자체가 줄어들었다.

거리는 조금쯤 무질서해졌다. 이전에는 신호등이 자동차가 다닐 시간, 사람이 다닐 시간을 정해주었다. 또 사람이 다니는 지역과 자동차가 다니는 지역이 완전히 구분되었다. 하지만 이제는 그런 구분이 없다. 자동차와 사람들이 동시에 같은 길을 가고, 같은 거리 위에 있다. 하지만 사고는 나지 않는다.

　교통 신호등, 교통 표지판, 가드레일 등은 안전을 위한 것이다. 사고를 줄이고, 사람들이 다치는 것을 막기 위한 교통안전 시스템이다. 그런데 이것들이 사라지자 실제로는 오히려 더 안전해졌다. 런던 켄싱턴에서 배우는 도시 교통 규제의 역설이다.

# 더 큰 산불의 위험을 키운 산불 예방 정책

산불은 숲을 파괴한다. 오랫동안 자라온 나무들을 태우고, 숲에서 사는 각종 동물과 곤충들을 죽게 한다. 산불은 일반 집이나 건물에서 나는 화재와 달리 그 범위가 넓다. 작은 산불도 산 하나둘을 태우고, 커다란 산불은 산 수십 개를 불태운다. 수십만, 때로는 수백만 평의 숲이 폐허가 된다. 산불은 환경 파괴, 생태계 파괴의 큰 원인 중 하나다. 그래서 산불을 예방하기 위해 많은 규제가 만들어지고, 산불이 발생하면 바로 대응할 수 있도록 소방 정책을 세워놓는다.

미국의 산불 정책은 1970년대를 기점으로 나눌 수 있다. 1970년대 이전의 산불 정책은 엄격하고 강경했다. 산불이 발생하면 그 다음 날 오전 10시까지 모든 화재를 진압한다는 목표 아래 정책을 만들었다. 산불이 발생한 초기에 완전히 불길을 잡겠다는 것이다. 구체적으로 어떻게 했을까? 먼저 산불이 발생했는지 아닌지를 확인할 수 있도록 계속 점검하는 과정이 있었다. 그리고 산불이 발생하면 바로 출동할 수 있도록 산불 진화 기관들을 준비했다. 도로로 접근하기 힘든 지역에서 발생한 산불에도 대응할 수 있게 헬리콥터도 충분히 갖추었다. 그렇게 계속 산불을 감시하다가, 산불이 발생하면 바로 출동해서 최대 24시간 이내에 산불을 껐다. 이렇게 산불을 초기에 진압하면 나무와 숲속 동물에 대한 피해를 최소화하고, 숲의 생태계를 보호할 수 있을 것이라 생각했다.

산불의 원인은 여러 가지다. 제대로 끄지 않은 담뱃불이나 모닥불 등이 원인이기도 하고, 사람이 원인을 제공하지 않았지만 저절로 산불이 일어나는 경우도 많다. 번개가 쳐서 산불이 일어나기도 하고, 건조하고 높은 온도가 지속되면서 자연발생적으로 불이 나기도 한다. 그런데 이런 경우 산불이 일어나도 그 산불이 아주 넓게 퍼지지는 않는다. 어느 정도 넓이에서 산불이 커지다가 자연적으로 꺼진다. 그런데 적극적인 산불 관리 정책은 자연적으로 꺼지는 과정을 기다리지 않았다. 여기서 문제가 생겼다. 산불 관리가 철저히 되었던 지역, 산불이 나더라도 초기에 바로 진화가 이루어졌던 지역에서, 어쩌다가 초기 진화에 실패를 하면 오히려 이전보다 훨씬 더 큰 산불이 되었던 것이다. 예전 같으면 산 3, 4개를 태우다가 꺼질 것이 몇 십 개가 넘는 산을 태우는 큰 산불로 이어졌다.

왜 그랬던 것일까? 산의 환경이 생각보다 복잡했기 때문이다. 오랫동안 산불이 나지 않으면 숲 바닥에는 나뭇잎들이 점점 더 두껍

게 쌓인다. 그리고 그 나뭇잎들이 건조해지면서 훨씬 더 불이 잘 옮겨 붙는 상태가 된다. 죽어서 마른 나무들도 생기고, 산 나무에도 마른 나뭇가지들이 늘어난다. 이럴 때 산불이 나면 오랫동안 바닥에 쌓인 마른 나뭇잎들과 마른 나무, 나뭇가지들이 한꺼번에 타오르면서 훨씬 더 큰 산불이 되는 것이었다. 탈 수 있는 재료들이 많으니 화력이 세지고, 그러면 옆 산으로도 더 쉽게 퍼져나가고, 그래서 이전보다 훨씬 더 큰 규모의 산불이 발생한다.

산불 관리를 하지 않을 때는 몇 년에 한 번씩 3, 4개의 산을 태우는 산불이 발생했다. 그런데 산불 관리를 엄격히 하고 초기에 바로 진압을 하면서, 이전보다 산불이 발생하는 횟수가 훨씬 적어졌다. 대략 10년에 한 번 정도 발생하는 꼴이었다. 하지만 대신 한 번 산불이 나면 몇 십 개의 산을 불태운다. 오히려 몇 년에 한 번씩 3, 4개의 산을 태우는 산불이 발생하는 것이 더 피해가 적었다. 산불을 초기에 진압하는 식의 정책이 장기적으로 볼 때 오히려 산불 피해가 더 큰 것이다.

또 다른 문제도 있었다. 산불을 바로 끄는 것은 숲의 생태계를 보호하기 위해서다. 그런데 산불이 발생한 숲과 오랫동안 산불이 발생하지 않은 숲을 비교하면, 오히려 산불이 발생한 숲의 생태계가 더 좋았다. 산불이 발생하지 않은 숲에서는 생태계가 고착화된다. 기존에 있는 나무들만 계속 성장하고, 새로운 종의 나무들은 자라지 않는다. 곤충들도 기존에 있는 것들만 계속 번식하고 생물의 종이나 수가 더 증가하지 않는다. 사람이 나이가 들면 변하듯이 숲도 시간이 지나면 변해야 한다. 그런데 산불이 나지 않은 숲은 거의 변화가 없다.

산불이 발생하면 처음에는 폐허가 된다. 그런데 곧이어 새로운 나무들이 자라기 시작한다. 이전에 비해 훨씬 더 다양한 나무들이 자라고, 곤충과 동물들도 새로 모여든다. 이전보다 훨씬 더 많은 종류의 동물들이 모여들고 개체 수도 많아진다. 미국만 그런 것이 아니었다. 프랑스나 호주의 경우에도 50년 동안 산불이 한 번도 발생하지 않은 숲과 한두 번 산불이 발생한 숲을 비교해보면, 산불이 발생한 숲의 식물 종이 두 배가 넘었다. 한국도 마찬가지다. 산림청에서 동해안 산불 피해지를 조사하였는데, 산불이 발생한 지역에서 400여 종이 넘는 곤충이 발견되고 또 희귀 곤충들도 늘어났다. 같은 지역의 예전 데이터와 비교해도, 또 산불 피해를 입지 않은 지역과 비교해도 훨씬 더 개체 수와 생물 종수가 많아졌다. 산불이 발생하면 숲의 생태계가 파괴되는 것이 아니라 오히려 생태계가 더 다양화되는 것이다. 산불의 역설이라고 할 수 있다.

미국은 1970년대에 들어 산불 정책을 바꾸었다. 산불이 발생하지 않도록 통제하기보다는 산불을 관리하는 방향으로 정책 선회를 한다. 이른바 'Let it burn' 정책이다. 'Let it burn' 정책은 산불의 유형에 따라 산불에 대한 대응을 다르게 하는 것이다. 산불이 사람의 담뱃불에서 발생하거나 모닥불에서 발생하거나 등등 사람을 원인으로 해서 발생한 경우에는 바로 진화를 한다. 하지만 사람이 아니라 자연환경 하에서 저절로 산불이 일어난 경우에는 내버려 둔다. 자연적으로 발생하는 산불은 생태계 보전과 발전을 위해서 필요한 과정으로 보고, 사람이 인위적으로 끄려고 하지 않는다. 최대한 자연이 스스로 산불과 이후 과정을 겪도록 하는 것이 산불 정책의 기본이다. 물론 이렇게 자연적으로 발생한 산불이라고 무조건 내버려 두다 걷잡을 수 없게 규모가 커지고, 큰 피해를 낳을 수도 있다. 그런 위험을 방지하기 위해서는 자연적으로 발생한 산불이라도 너무 규모가 크지 않도록, 피해가 크지 않도록 잘 관찰하고 대처하면서 관리한다.

어쨌든 산불은 자연의 시각으로 보았을 때 꼭 악역인 것만은 아니었다. 어떤 면에서는 생태계가 다양화되고 정체에서 벗어나는 데 필수적인 과정이었다. 산불을 나쁘게 규정하고 초기에 적극적으로 대응했던 정책은 오히려 생태계에 방해가 되었다. 심지어 더 큰 산불을 일으키는 원인이 되기도 했다. 작은 사고는 장기적으로 또 총체적으로 볼 때 도움이 될 수 있다. 그것이 산불 패러독스가 알려준 자연의 지혜였다.

# 비닐 쓰레기를 늘린 비닐봉투 절감 정책

현대 환경 문제에서 곤란한 골칫거리 중 하나가 비닐 폐기물이다. 비닐은 썩는 데 500년 이상이 걸린다. 우유팩 같은 것은 5년 정도만 지나면 썩어서 사라진다. 그러니 혹시 그냥 버려진다 해도 어쨌든 자연적으로 정화될 여지가 있다. 하지만 비닐은 자연에서 썩어서 없어지는 데 500년 이상 걸리기 때문에, 한번 버려진 비닐은 계속해서 환경에 부담을 준다.

비닐을 사용하는 가장 큰 부분 중 하나가 쇼핑에 따라오는 포장 봉투, 바로 비닐봉투다. 가게에서 물건을 사면 비닐봉투에 담아준다. 이런 비닐봉투는 물건을 사서 집에 가져갈 때 한 번 사용하고 바로 버리기 마련이다. 사람들은 거의 매일 무언가를 사는데, 그럴 때마다 비닐봉투가 사용된다. 이런 식으로 사용되는 비닐봉투가 환경에 치명적이라는 것이 알려지면서, 세계 많은 곳에서 비닐봉투를 줄이고자 노력하고 있다. 가장 대표적인 것이 비닐봉투를 무상으로 제공하지 않고 소액이라도 가격을 붙여 돈을 받고 제공하는 정책이다. 지금 한국에서도 마트 등에서는 비닐봉투를 무상으로 제공하지 못하게 하고 있다.

2015년, 영국이 시행한 비닐봉투 절감 정책은 많은 시사점을 준다. 영국에서도 가게마다 손님이 물건을 살 때 비닐봉투에 물건을 담아주었다. 한 번 쓰고 버릴 비닐봉투니 튼튼하게 잘 만들 필요도 없었다. 일회용에 맞게 낮은 품질로 적당하게 만들었다. 당연히 사람들도 비닐봉투를 한 번만 쓰고 버리기 일쑤였고, 그렇게 해서 발생하는 비닐 폐기물 양이 1년에 80만 톤 정도 되었다.

비닐봉투를 줄이려면 어떻게 해야 할까? 지금 한국의 일부 마트나 백화점에서처럼 비닐봉투를 아예 제공하지 않는 방법이 있다. 그런데 그러면 손님들이 불편해진다. 물건을 적게 사면 들고 가거나 주머니에 넣고 갈 수 있다. 하지만 상품을 여러 개 사면 그러기 어렵다. 장바구니를 본인이 가져와서 거기에 담아가게 할 수도 있다. 그런데 이건 집에서부터 미리 계획하고 쇼핑에 나서는 경우에만 가능하다. 길거리를 오고가다가 물건을 사는 사람들에게 매일매일 장바구니를 들고 다니라고 할 수는 없다.

비닐봉투가 아니고 종이봉투를 제공하면 비닐 쓰레기는 줄어들 수 있다. 그런데 비닐 쓰레기는 줄어들지만 종이 쓰레기가 늘어난다. 종이를 만들기 위해서는 나무를 베어야 한다. 그리고 그냥 단순한 종이봉투는 약해서 금방 찢어진다. 물기가 많은 물건은 아예 담을 수 없다. 쇼핑한 물건의 양이 많은 경우에도 적당하지 않다. 쇼핑한 물건을 많이 담아도 되는 튼튼한 종이봉투를 만들기 위해서는 뭔가 화학적 조치가 들어가야 한다. 쓰기에도 불편한 종이봉투 사용량을 늘려서 나무를 더 많이 베어내게 하는 것은 환경 보호를 위한 방안이라고 보기 힘들다.

영국이 채택한 방법은 비닐봉투를 더 튼튼히 잘 만드는 것이었다. 그동안 비닐봉투 쓰레기가 늘어난 것은 비닐봉투를 1회용으로 사용하기 때문이다. 비닐봉투를 한 번 쓰고 버리지 않고 계속해서 비닐봉투를 사용하게 하면 비닐봉투 쓰레기 양을 줄일 수 있다. 일단 사람들이 비닐봉투를 2번씩만 사용해도 비닐봉투 쓰레기 양이 반으로 줄 것이다. 장바구니는 평소에 들고 다니기 힘들다. 하지만 비닐봉투는 그냥 접으면 평소 들고 다니는 가방이나 핸드백 속에 다 들어간다. 비닐봉투를 한 번만 사용하지 않고 계속 사용하게 하면 비닐봉투 쓰레기를 줄일 수 있다. 무척 합리적인 아이디어처럼 보인다.

그래서 비닐봉투를 더 튼튼히 잘 만들었다. 한 번 쓰고 버리지 않고 여러 번 사용할 수 있게 디자인과 질을 높였다. 이렇게 제대로 만드는 비닐봉투니만큼 '생명을 위한 가방'이라고 이름도 붙였다. 그러나 아무리 비닐봉투를 여러 번 쓸 수 있게 잘 만들었다 해도 무료로 제공하면 사람들이 비닐봉투를 미리 준비하고 다닐 필요가 없다. 그래서 비닐봉투를 유료화했다. 이전에는 무료로 주었는데, 이제는 돈을 주고 '생명을 위한 가방'을 사야 한다. 한국 돈으로 100원에서 200원 정도의 가격에 판매를 했다. 돈을 주고 산 비닐봉투니, 좀 더 아껴서 여러 번 제대로 사용할 것이고, 그러면 비닐 쓰레기 양도 감소할 것이다!

2020년 현재, 정책을 시행한 지 6년 정도가 지났다. 그런데 그 사이에 비닐 쓰레기 양은 오히려 증가했다. 질이 좋은 비닐봉투를 판매하면서 확실히 1회용 비닐봉투 사용량은 감소했다. '생명을 위한 가방'을 들고 다니면서 여러 번 사용하는 사람도 늘어났다. 그런데 '생명을 위한 가방'은 여러 번 사용할 수 있도록 한 번 쓰고 버리는 1회용 비닐봉투보다 잘 만들어야 했다. 잘 만들다 보니 '생명을 위한 가방'에 들어가는 비닐의 양도 늘었다. 1회용 비닐봉투에 사용하는 비닐 양보다 거의 3배 정도의 비닐을 사용했다. 비닐봉투 하나에 들어가는 비닐이 3배 늘어났다면, 최소한 사람들이 이 가방을 4번 이상은 사용해야 비닐의 양이 줄어든다. 그런데 사람들은 이 질 좋은 비닐 가방을 4번 이상 사용하지는 않았다. 그렇게 사용하는 사람들도 있긴 했지만, 여전히 1회용으로만 사용하는 사람들도 많았다. 비닐봉투 사용량이 줄었지만, 하나의 비닐봉투에 들어가는 비닐 양이 증가하였기 때문에, 전체적인 비닐 쓰레기 양은 감소하지 않았다. 오히려 늘어났다. 원래는 1년에 80만 톤 정도의 비닐 쓰레기가 나왔는데, 2018년에는 90만 톤, 2019년에는 100만 톤이 넘는 비닐 쓰레기가 나왔다.

무엇이 문제였을까? 사람들은 튼튼하고 잘 만든 비닐봉투, 돈을 주고 산 비닐봉투를 계속 사용하지 않았다. 이런 비닐봉투도 결국 1회용과 비슷하게 사용했다. 관리를 하면서 여러 번 사용하는 사람들도 있지만, 대부분의 사람들은 별로 신경 쓰지 않았다. 사람들이 환경을 위해서 비닐봉투를 아껴서 사용할 것이라고 예상했지만, 사람들은 평소 생활하면서 그런 것을 별로 의식하지 않고 산다.

'생명을 위한 가방'을 만들고 의무적으로 판매하도록 한 것은 전체적인 비닐 쓰레기 양을 감소시키기 위해서였다. 하지만 결과적으로 비닐 쓰레기의 총량은 늘어났다. 규제를 하지 않았던 것이 오히려 비닐 쓰레기 양을 늘리지 않는 방법이었다.

# 건강에 해를 끼치는 건강 검진

세계적인 기준에서 보았을 때 한국은 건강 의료 체계가 잘 되어 있는 국가에 속한다. 증세가 심한 중증 환자에 대한 의료보험은 문제가 있지만, 보통 사람들이 자주 경험하는 질병에 대해서는 의료보험이 잘 되어 있다. 또 국민들의 건강을 보호하기 위한 검진 제도, 재활 제도 등도 많이 마련되어 있다.

한국 의료 제도 중 특징적이라 할 수 있는 것은 건강 검진 제도다. 한국은 국가 수준에서 건강 검진 제도를 운영하고 있다. 만 40세가 넘으면 2년마다 한 번씩 전 국민이 건강 검진을 받을 수 있도록 하고 있다. 그 비용을 국가가 부담한다. 기본적인 건강 검진뿐만 아니라 일정 나이가 될 때마다 암 진단도 무료로 받을 수 있다. 다른 것은 몰라도 이렇게 건강 검진을 국가가 일정 기간마다 의무적으로 시행하는 국가는 거의 없다.

건강 검진을 받으면 지금 자기 몸에 이상이 있는지, 병이 있는지 등의 여부를 미리 알아낼 수 있다. 병이 없는 줄 알고 지내다가 건강 검진을 통해 몰랐던 병을 발견할 수 있다. 건강 검진은 병을 조기에 발견하고 치료하기 위한 좋은 방법이다.

그런데 질문이 있다. 이렇게 좋은 건강 검진을 왜 다른 나라에서는 한국처럼 실시하지 않는 것일까? 비용이 많이 든다고 하지만, 진짜 의료비에 비해서 건강 검진비는 오히려 낮은 편이다. 의료보험이 제대로 구비되어 있지 않고 가난한 나라라면 모르겠지만, 복지 제도가 한국보다 훨씬 잘 마련되어 있고 의료보험도 발달한 유럽 국가들이 건강 검진을 의무화하지 않는 이유는 무얼까? 그 이유는 간단하다. 바로 건강 검진의 역설이다. 건강 검진을 자주 하면 사람들의 몸이 더 건강해지는 것이 아니라 더 악화된다. 건강 검진을 하지 않는 것이 오히려 건강에 더 좋다.

분명히 건강 검진은 몸에 병이 있는지를 미리 검사하고, 조기에 병을 발견해서 보다 건강한 삶을 살 수 있도록 하려는 제도다. 그런데 주위에서 이런 말을 들어본 적이 있지 않나? "건강 검진을 안 했으면 그냥 잘 살았을 텐데… 검진에서 숨겨진 지병이 있다는 것을 알게 돼서 그 이후로 고민만 늘어났다." 건강 검진을 통해 병을 발견하고 치료한 사람도 많지만, 건강 검진으로 인해 고민이 늘어난 사람, 쓸데없는 치료를 받게 되는 사람, 건강 검진을 했지만 필요가 없었던 사람들도 많다.

유럽에서는 건강 검진이 정말로 국민건강을 증진시키는 것인가에 대해 의문을 품은 사람들이 있었고, 건강 검진의 효과에 대해 실험을 했다. 가장 커다란 실험을 한 곳은 핀란드였다. 핀란드에서는 1970년대에서 1980년대에 걸쳐 약 18년간 건강 진단의 효과에 대한 사회과학 실험을 진행했다. 먼저 38세에서 54세까지 남자 직장인을 대상으로 건강 검진을 했다. 실험 첫해, 건강 검진에서 혈압이 높은 사람, 콜레스테롤이 높은 사람, 담배를 피우는 사람 등 건강에서 고위험군이라 할 수 있는 사람 1,222명을 선정했다. 그리고 이들을 A 그룹과 B 그룹으로 무작위로 나누었다.

A 그룹에 대해서는 건강에 대해 계속 신경을 쓰면서 생활하라고 지도하였다. 식사는 어떻게 해야 하는지 지속적으로 교육하고, 건강을 위해 운동을 하게 했다. 또 담배도 피지 않도록 처방도 내렸다. 고혈압인 사람들에게는 혈압 약을 먹게 했고, 콜레스테롤이 높은 사람들에게는 콜레스테롤 약을 처방했다. 건강에 좋지 않은 요소들을 최대한 배제하고, 건강한 삶을 살 수 있도록 계속 조치를 했다.

이에 반해 B 그룹에 대해서는 아무런 조치를 하지 않았다. 건강 지도도 하지 않고 약도 주지 않았다. 그냥 내버려 두었다.

5년 후에 A 그룹 사람들과 B 그룹 사람들을 비교해 보았다. A 그룹은 혈압이 내려가고 콜레스테롤 수치도 내려갔다. 건강 수치가 좋아진 것이다. 보다 건강해지기 위한 조치를 하고 약을 먹은 사람들이 그냥 아무렇게나 지낸 온 사람들보다 혈압, 콜레스테롤 수치 등이 훨씬 더 좋아졌으니 당연한 결과로 보인다. 그런데 문제가 있었다. 계속 치료를 해온 A 그룹의 사람들의 건강 수치가 평균적으로 더 좋아진 건 분명한데, 사망자는 A 그룹이 B 그룹보다 두 배 이상 많았다. A 그룹의 사망자는 10명이었고, B 그룹의 사망자는 5명이었다. 심근경색에 걸린 사람은 A 그룹은 19명이었고, B 그룹은 9명이었다. 건강 지도를 하고 약을 먹은 A 그룹의 평균 수치는 좋아졌지만, 사망자와 발병자는 더 많았다.

이 연구는 장기적으로 계속해서 이루어졌다. 해가 갈수록 A 그룹과 B 그룹의 차이는 분명히 드러났다. 계속해서 A 그룹의 사망자, 심근경색이 B 그룹보다 많았다. 실험이 종료된 18년 후에는 A 그룹의 사망자는 95명이었고, B 그룹의 사망자는 65명이었다. 심근경색이 발생한 사람은 A 그룹은 39명이었고, B 그룹은 19명이었다. 건강에 신경 쓰도록 지도를 하고 교육을 하고 또 약을 먹은 A 그룹 사람들이, 아무런 치료도 하지 않고 건강 지도도 하지 않은 B 그룹 사람들보다 발병률과 사망률이 모두 더 높게 나왔다.

처음에는 A 그룹의 사망률, 발병률이 높은 것이 약 때문이라고 보았다. 혈압 약이나 콜레스테롤 약 등 계속해서 약을 먹는 것이 건강에 좋지 않고, 약 때문에 사망률이 높아진 것으로 해석했다. 두 그룹의 차이가 '약'에 있다고 생각하고, 약이 문제인 것이지 건강 지도는 괜찮았다고 평가했다. A 그룹 사람들은 계속 운동하고 식사를 조절하고 담배를 줄이거나 끊는 등 건강을 위해 노력했다. 라이프 스타일로 보면 정말로 발전이 있었다.

그런데 연구가 더 진행되면서 단지 약의 문제가 아니라는 것이 분명해졌다. 분명 약을 계속 먹는 것도 문제가 되었다. 그런데 약을 먹는 것보다 더 큰 원인을 찾아냈다. '건강에 계속 신경을 쓰는 것'이 오히려 건강을 해친다는 것이었다. 건강을 위해 약을 먹는 것, 건강을 위해 식사를 조절하는 것, 건강을 위해 운동을 하는 것… 이 모든 것이 머릿속에서 '건강을 위해'라는 생각이 자리 잡고 떠나지 않게 만들었다. 이것이 마음속에 스트레스로 이어졌다. '건강을 위해'라고 계속 생각한다는 것을 뒤집어보면 평소에 항상 '건강이 나빠지지 않을까'라는 부정적인 생각을 지니고 있다는 것을 의미한다. 건강에 정말로 좋지 않은 것은 바로 이런 '건강을 위해'라는 걱정과 스트레스였다.

혈압이 높아도, 콜레스테롤이 높아도 건강에 대해 별다른 신경을 쓰지 않고 지내는 B 그룹 사람들이 오히려 더 건강했다. 이들은 A 그룹 사람들보다 혈압이 높았다. 하지만 사망률과 심근경색 발병률은 오히려 더 낮았다. 고혈압이지만 아무 생각 없이 사는 사람이 고혈압이면서 치료하려고 약을 먹고, 음식을 조절하는 사람보다 더 오래 살았다.

그래서 유럽은 건강 검진을 잘 하지 않는다. 병을 발견하기 위해서 해마다 건강 검진을 계속 하는 것과 그냥 건강 검진을 하지 않고 아무 생각 없이 사는 것 중에서 건강 검진을 하지 않는 것이 더 건강하게 살 수 있기 때문이다. 건강 검진을 하면 몸에 이상이 있다는 것을 조기에 발견할 수 있다. 초기에 치료를 해서 병을 고칠 수도 있다. 그런데 궁극적으로 오래 살지는 못한다. 평소에는 그냥 살다가 병이 났을 때 병원에 가서 고치는 사람이 장기적으로 병에 덜 걸리고 더 오래 산다.

건강에 가장 좋지 않은 것은 '내 몸이 나쁘지 않을까' '어디 이상이 있는 게 아닐까' '건강하기 위해 무얼 해야 할까'라고 계속 신경 쓰는 것이다. 건강 검진 의무화는 모든 국민을 대상으로 계속 건강에 신경을 쓰게 하는 규제다. 국민의 건강을 위한다고 하지만 실질적으로 그 효과가 좋다고 볼 수는 없다. 건강 검진 규제의 패러독스다.

# 2장      '사람'을 내건 정책이 놓치고 있는 것들

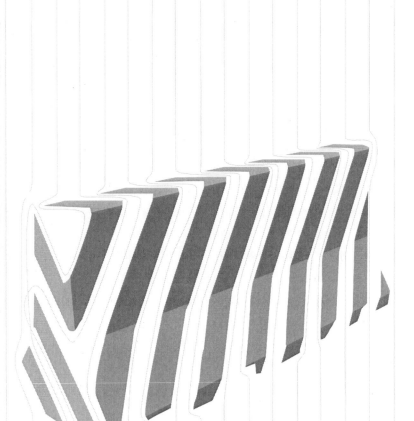

조선 정조 때, 한양에 기근이 들어서 쌀값이 폭등을 했다. 쌀값이 폭등을 하니 많은 사람들이 쌀을 사먹을 수 없어 굶주리게 되었다. 정조는 백성들을 위해 쌀을 비싸게 파는 상인들은 사형에 처하겠다는 명령을 내린다. 쌀 가격을 낮추어 보다 많은 사람들이 쌀을 사먹게 하려는 의도다. '가난한 사람들을 위한' 정책이다.

그런데 박지원이 이런 가난한 사람들을 위한 정책에 반대하고 나섰다. 지금 한양의 쌀값이 비싸다는 소식에 비싼 가격에 쌀을 팔겠다고 지방에서 쌀이 한양으로 오는 중이다. 그런데 비싼 가격에 팔지 못하도록 하면 지방 상인들은 쌀을 가지고 도로 내려갈 것이다. 쌀 가격을 낮춘다고 없는 쌀이 새로 생기는 것은 아니다. 지방 상인들이 쌀을 가지고 오지 않으면 한양 백성들은 정말로 굶어죽을 수밖에 없다. 비싸더라도 쌀이 더 많은 것이 덜 굶는 방법이다.

사람들이 굶주리지 않기 위해 필요한 것은 '낮은 쌀 가격'이 아니라 '쌀'이다. 가격을 낮추는 게 중요한 것이 아니라, 쌀을 늘리는 것이 필요하다. 그런데 사람들의 말에 귀기울이다보면 이런 것을 놓치게 된다. 사람들은 '쌀이 부족한 것'에 대해 불평하지 않고, '쌀 가격이 높은 것'에 대해 불평하기 때문이다. 그래서 사람들의 불만을 해소하기 위한 정책은 핀트가 빗나가는 경우가 많다. 사람들의 불만은 그 본질적인 원인인 '쌀 부족'보다는 '쌀 가격이 높다'는 현상에 초점이 맞춰지기 때문이다. 사람을 위한다는 규제가 이런 역설을 발생시키는 사례들을 살펴본다.

# 파산으로 귀결된 내집 마련 지원책
## —2008년 금융 위기와 닌자 론

2008년, 세계 금융 위기가 발생했다. 세계 4위의 투자 금융기관이던 리먼 브러더스가 파산했고, 미국의 GM 등 세계적인 대기업들이 부도 위기에 몰려 공적 금융을 지원받았다. 미국의 금융 위기는 미국 밖으로도 파급되어 전 세계가 함께 홍역을 치렀다. 한국도 주가 지수가 1,897에서 1,124로 떨어졌고, GDP 성장률도 3.0%대로 내려앉았다. 이때 내려간 GDP 성장률은 그 이후 아직까지 회복이 되지 않고 있다. 한국의 GDP 성장률이 3.0% 이하로 정착된 것은 2008년 세계 금융 위기 이후부터다.

2008년 금융 위기는 미국의 서브 프라임 사태로 시작되었다. 미국 금융기관들은 소득이 없거나 안정적인 직장이 없는 사람들에게도 주택 구입 자금을 대출해주었다. 사람들은 은행에서 돈을 빌려서 집을 샀다. 미국은 집을 구입할 때 집값의 10% 정도만 자기 자금이 있으면 된다. 나머지 90%의 돈은 은행으로부터 빌릴 수 있다. 은행은 사람들이 빌린 돈의 이자를 제대로 갚을 능력이 있는지, 원금을 제대로 갚을 것인지를 심사해서 집 살 돈을 빌려준다. 그런데 서브 프라임 사태 때는 은행이 이런 심사를 제대로 하지 않았다. 집을 산다고만 하면 아무한테나 돈을 빌려주었다. 식당에서 일하는 웨이터도 은행에서 돈을 빌려 집을 살 수 있었다. 플로리다의 유흥주점에서 일하는 무용수가 집을 두 채 사도 이상하지 않았다. 물론 이들이 돈이 많아서는 아니었다. 이 사람들의 소득으로는 이자와 원금을 갚는 것이 불가능했다. 하지만 돈을 빌리는 사람도, 은행도 상관하지 않았다. 돈을 아무리 많이 빌려도 집값이 오르면 아무 문제가 되지 않는다. 2000년대에 미국의 집값은 계속해서 올라갔다. 누구나 집을 살 수 있게 되면서 집에 대한 수요가 크게 증가했고, 그래서 집값은 계속 오르기만 했다. 부자가 되는 가장 확실하고 쉬운 방법이 집을 사는 것이었다.

그러다가 결국 버블이 터졌다. 누구나 다 집을 가지게 되면 어떤 일이 일어날까? 더 이상 집을 사려는 사람이 없어지기 시작한다. 집을 사려는 사람이 없으면 집값은 떨어지기 마련이다. 가난한 사람들은 집값이 올라야 집을 팔고 그 돈으로 이자와 원금을 갚을 수 있는데, 집값이 떨어지니 이자와 원금을 갚을 수 없게 되었다. 이자와 원금을 낼 수 없는 사람들이 파산하고 집을 은행에 뺏기기 시작했다. 돈을 빌린 사람들이 이자와 원금을 내지 못하면서 채권이 부실화된다. 이 부동산 채권들을 조합한 금융상품도 부실화되고, 결국 서브 프라임 사태가 발생했다.

2008년 세계 금융 위기의 원인이 서브 프라임 사태, 즉 원금을 갚을 능력이 없는 사람들에게 무조건 돈을 빌려주었기 때문이라는 것이 밝혀진 후 사람들은 금융기관들을 욕했다. 금융기관들이 자기 이익만 챙기기 위해서 아무한테나 돈을 빌려주었기 때문이다. 탐욕스러운 월 스트리트, 자기 욕심만 챙기는 자본주의가 문제의 주요 원인으로 지적되었다. 자본주의의 위기가 왔다고 말을 했고, 더 이상 탐욕에 의해서 움직이는 자본주의에 휘둘리지 말아야 한다는 반성도 나왔다.

그런데 여기에 질문이 하나 있다. 금융기관들은 왜 수입이 별로 없는 가난한 사람들에게 거액의 돈을 빌려주는 말도 안 되는 짓을 했을까? 어느 사회나 집을 사는 것은 중산층이 된 다음에 가능한 일이다. 그런데 왜 아직 사회 중산층이라 볼 수 없는 저소득 계층이 집을 살 수 있도록 대출을 해준 것일까? 금융기관들은 이들이 돈을 갚을 능력이 되지 않는다는 것을 몰랐을까? 금융기관에서 가장 중요한 일이자 갖추어야 할 능력 중의 하나는 대출자가 돈을 제대로 갚을지 아닌지를 구분하는 것이다. 미국 금융기관들은 몇 백 년 동안 그 정보를 축적해 왔다. 대출을 받아간 사람이 갚지 못하면 은행 자체가 파산한다. 은행은 원래 갚을 능력이 의심되는 사람에게는 절대 돈을 빌려주지 않는다.

그럼에도 불구하고 2000년대에 은행들이 아무에게나 집 살 돈을 빌려준 것은 1990년대 클린턴 대통령의 '닌자 론' 정책 때문이었다. 클린턴 대통령은 1992년부터 2000년까지 미국의 대통령이었다. 당시 집을 담보로 돈을 빌리는 것, 돈을 빌려서 집을 사는 것은 어느 정도 소득이 있는 사람들만 할 수 있는 일이었다. 빈민 지역에 사는 거주민들이나 저소득층 주민들에게는 은행이 돈을 빌려주지 않았고, 그래서 이들은 집을 살 수 없었다.

클린턴 대통령은 가난한 사람이라 하더라도 누구나 집을 가질 수 있는 사회를 만들고자 했다. 가난한 사람들에게 돈을 빌려주지 않는 것을 차별로 보았고, 이런 금융계의 차별을 철폐하도록 했다. 소득이나 직업, 자산이 없어도 대출을 받아 집을 살 수 있도록 만들었다. 소위 닌자 론NINJA Loan; No Income, No Job or Asset이 시행된다. 이렇게 누구에게나 집 살 돈을 대출해주면 누구나 다 자기 집을 가질 수 있다. 모든 사람들이 집을 가질 수 있는 사회, 가난해도 자기 집을 가질 수 있는 사회가 만들어질 수 있다.

1990년대 말, 이런 닌자 론 정책이 시행되면서 가난한 사람들도 은행으로부터 돈을 빌려 집을 살 수 있게 된다. 많은 사람들이 돈을 빌려 집을 사기 시작하니 수요가 증가하면서 주택 가격이 상승했다. 집값이 상승하니 더 많은 사람들이 돈을 빌려 집을 사는 데 나서기 시작했고, 이렇게 해서 주택 버블이 시작되었다. 이렇게 오르기 시작한 집값은 2007년에 한계에 도달했고, 집값이 떨어지고 대출이 부실화되면서 금융 위기가 시작되었다.

이제 이자와 원금을 갚지 못하면 자기 집을 잃게 된다. 소득이 많은 사람들은 어떻게든 이자와 원금을 부담할 수 있었지만, 가난한 사람들은 이자와 원금을 낼 만큼 많이 벌지 못했다. 결국 자기가 살던 집을 은행에 넘기고 쫓겨났다. 2008년 미국 주택 소유자 중 10%가 자기 집을 잃거나 연체 상태에 빠졌다. 모두 소득이 부족한 사람들이었다.

클린턴의 닌자 론 정책은 가난한 사람들이 집을 가질 수 있도록 누구에게나 집 살 돈을 대출해주는 정책이었다. 처음에는 가난한 사람들이 자기 집을 가질 수 있게 되었다. 하지만 곧 자기 집을 잃고, 은행 돈을 갚지 못하는 파산자가 되었다. 닌자 론 정책이 만들어지기 전에는 자기 집은 없지만, 그래도 성실한 시민이었다. 하지만 이제 자기 집도 없고, 경제적 파산자가 되었다. 또 세계 경제는 위기에 빠졌다. 가난한 사람들 모두가 자기 집을 가지게 해주려는 정책이 결국 가난한 사람들을 더 어렵게 만들었다.

# 노동자들의 소득을 감소시키는 최저임금제

최저임금제는 노동자들이 받는 임금의 최저한도를 국가가 정해주는 것이다. 사업자는 정부가 정한 최저임금 이하로 임금을 주어서는 안 된다. 최저임금제가 만들어진 이유는 아무리 열심히 일을 해도 보수가 적어서 먹고 살기가 어려운 사람들이 많았기 때문이다. 노동을 하기 위해서는 최소한의 생활 유지가 전제되어야 한다. 그래서 일을 하면 무조건 일정 수준 이상의 임금을 지급하도록 하는 최저임금제가 나타났다.

최저임금제는 분명히 노동자들이 보다 많은 돈을 벌 수 있도록 만든 제도다. 실제로 최저임금제에서는 노동자들이 일정 수준 이상의 돈을 벌 수 있다. 그런데 많은 경제학 개론, 경제 원론 교과서에서는 최저임금제의 문제점을 이야기한다. 최저임금제가 노동자들의 소득을 증가시키지 않고 오히려 노동자들을 어렵게 하는 정책이라는 것이다. 경제학에서 가장 대표적인 규제의 패러독스 현상이 나타나는 부분이다.

임금은 노동에 대한 수요와 공급에 의해서 정해지는 것이 원칙이다. 노예라면 무조건 일을 하라고 시킬 수 있다. 전통 봉건사회에서는 사람들을 끌어다가 강제로 일을 하게 할 수 있었다. 조선 시대에도 평민들은 세금을 내는 것 외에 양역의 의무가 있었다. 길을 닦거나 하천을 정비할 일이 있을 때, 주민들을 끌어내서 강제로 일을 시킬 수 있다. 금강산 주변에 살던 사람들은 한양에서 고관들이 금강산 유람을 오면 끌려가서 가마를 메야 했다. 자기 의지와 관계없이 무조건 일을 해야 하는 것이 전통 봉건사회였다.

자본주의가 도입되면서 그런 식으로 억지로 사람을 잡아다가 일을 시키는 것이 사라지게 되었다. 일을 시키기 위해서는 돈을 주어야 한다. 그 정도 돈을 받아도 괜찮다고 생각하면 일을 하고, 돈이 부족하다고 생각하면 일을 하지 않는다. 사업자가 주고자 하는 돈과 노동자가 받고자 하는 돈이 맞아야 일을 한다. 수요와 공급에 의해서 임금이 정해진다는 것은, 그렇게 사업자가 주고자 하는 돈(노동 수요 측면)과 노동자가 받고자 하는 돈(노동 공급 측면)이 서로 맞아야 노동자가 일을 한다는 뜻이다.

그래프로 그리면 아래와 같다. 공급 곡선 S와 수요 곡선 D가 만나는 지점에서 노동자가 일을 한다. 이때 임금은 W0 이고, 일하는 노동자는 L0명이다.

## 기본적인 공급·수요 곡선

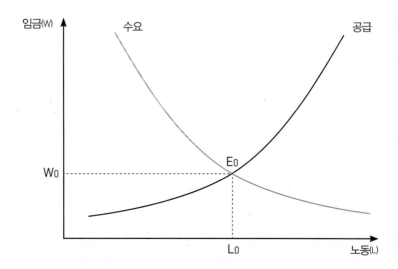

이때 노동자는 $W_0$의 임금을 받는다. 그런데 정부가 나서서 노동자들이 더 많은 돈을 받을 수 있도록 최저임금제를 실시한다. 그동안 $W_0$의 임금을 주었는데, $W_1$로 더 높은 임금을 주어야 한다는 정책을 실시한다. 그러면 균형점이 $E_0$에서 $E_1$로 이동한다.

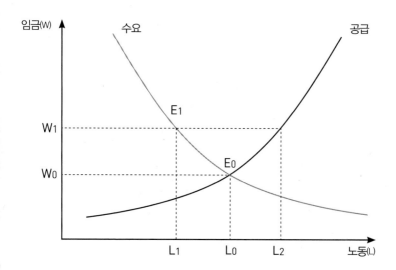

### 최저임금제 시행시 공급·수요 곡선

E1 점에서 임금은 최저임금인 W1이다. 그리고 노동자의 수는 L1이 된다. 0부터 L1까지가 취직을 해서 일자리를 가지고 있는 노동자들이다. 이 사람들은 최저임금제가 실시되기 전에도 일자리가 있었고, 최저임금제가 실시된 이후에도 일자리가 있다. 이렇게 계속해서 일자리를 가지고 있는 사람들은 최저임금제로 분명히 이득을 본다. 그동안 W0의 임금을 받았는데 이제 W1의 임금을 받을 수 있기 때문이다.

L0~L2의 사람들은 이전에는 일을 하지 않으려고 했던 사람들이다. 임금이 낮아서, 그 정도 돈을 받으니 일을 하지 않겠다고 하던 사람들이다. 이들도 이제 임금이 충분히 오르니 일을 하고 싶어진다.

그래서 일자리를 찾지만 좋은 일자리를 찾을 수 없다. 일자리를 찾는데도 일자리가 없으면 이때부터는 실업자가 된다. 이 사람들은 원래부터 일을 하지 않았으니 실질적인 피해는 없지만, 일자리를 찾는데 취직을 할 수 없다는 정신적 충격을 받는다.

문제는 L0–L1 사이에 있던 사람들이다. 최저임금제를 시행하기 전에는 0–L0만큼의 노동자들이 일을 했다. 그런데 최저임금제를 실시하면 사업자들은 이제 0–L1만큼의 사람들만 필요로 한다. L0–L1의 사람들은 일자리를 잃는다. 최저임금제는 기존에 일하던 사람들 중 일부를 실업으로 내몬다. 0–L0의 사람들은 최저임금제로 이익을 보지만, L0–L1의 사람들은 최저임금제로 치명적인 피해를 받는다. '월급이 조금 오르는 이익'과 '일자리를 잃는 손실'을 비교하면, '일자리를 잃는 손실'쪽이 훨씬 더 크다. 그래서 최저임금제는 전체적으로 보았을 때 노동자의 소득을 높이는 정책이 아니다.

최저임금제는 분명 좋은 제도 같다. 하지만 노동자의 복지를 중시하는 유럽 국가들이 최저임금제를 엄격히 실시하지 않는 것은 최저임금제가 실질적으로 노동자의 복지를 증가시켜주지 못하기 때문이다. 유럽에서도 최저임금제를 실시하지 않느냐고? 실시하기는 한다. 하지만 최저임금을 원래 균형점인 위 E0 수준에서 결정한다. 최저임금을 올리더라도 E0에서 큰 차이가 나지 않는 선에서 정한다. 최저임금이라고 하지만, 실질적으로는 균형임금과 같은 수준이다. 그래야 실업이 늘어나지 않는다.

그런데 한국은 2018년에 최저임금을 6470원에서 7530원으로 올렸다. 2018년 1년 사이에 16.4%가 올랐다. 그리고 실업률은 2017년 3.7%에서 2018년 3.8%가 되었다. 0.1%밖에 안 되지 않느냐고 해서는 곤란하다. 실업률 통계에서 0.1%는 5만 명이다. 대규모 공장 몇 십 개가 망한 것과 같은 효과다. 그리고 이때 정부는 실업률을 낮추기 위해 정부나 공공기관에 임시 일자리를 많이 만들어냈다. 그랬는데도 실업율이 높아진 것은 취업 시장이 굉장히 어려워졌다는 것을 의미한다.

최저임금제가 이런 식으로 오히려 노동자들을 어렵게 만드는 정책이라는 것은 거의 모든 경제학 교과서에 실려 있다. 그런데 왜 한국에서는 이런 식으로 최저임금을 올렸을까? 사실 필자가 한국의 최저임금제와 관련해서 가장 궁금한 점이다. 모든 경제 이론에서 최저임금의 패러독스를 이야기했는데, 왜 한국에서는 최저임금이 아무런 부작용이 없을 것이라고 자신했을까?

# 실업자를 늘린 비정규직 보호법

한국 고용 구조에서 가장 곤란한 문제 중 하나가 비정규직 문제다. 1997년 이전까지 한국에서는 정규직과 비정규직의 구분이 별로 의미가 없었다. 아르바이트인 경우는 비정규직이었지만, 직장에 소속되어 있는 사람들은 구별 없이 모두 정규직이었다. 그러나 1997년 IMF를 겪으면서 비정규직이 늘어났다. 당시 국가부도 위기 속에서 많은 기업들이 새로 직원을 채용하려 하지 않았다. 심지어 기존에 있던 직원들도 해고되거나 명예퇴직을 강요당했다. 그렇게 나온 인력들은 어딘가 다른 기업에 취업해야 했다. 기업들이 직원을 뽑지 않으니 당연히 구직자의 취업이 어려워진다. 그래서 당시 정부는 비정규직 제도를 인정하고 확대했다. 정규직이 어렵다면 비정규직으로라도 기업에 들어가는 것이 더 낫기 때문이다. 그냥 실업자로 있을지 아니면 비정규직으로라도 채용되는 것이 좋은지의 문제에서 당시 대한민국은 비정규직 증가라는 방법을 선택했다.

문제는 그 다음이다. 1997년 IMF 사태 때는 워낙 경제 사정이 어려웠기 때문에 비정규직 제도를 적극적으로 받아들였다. 그런데 2000년대 들어 경제가 나아졌음에도 비정규직의 비율은 계속 증가했다. 기업들은 정규직을 줄이고 비정규직을 늘려나갔다. 비정규직은 2년을 기본 계약 기간으로 했다. 2년 동안 비정규직으로 계약을 하고, 그 후에 다시 2년 비정규직으로 계약을 하는 식이다. 비정규직 노동자들은 회사에서 계속 일을 하지만 정규직으로 전환되지 않고, 2년마다 재계약이 될지 안 될지를 걱정한다. 앞으로 2년 후 어떻게 될지 알 수 없으니 노동자들로서는 불안할 수밖에 없다. 계속 일이 있다면 기업이 정규직으로 전환해주어도 될 텐데, 기업은 정규직으로 전환하면 더 많은 월급과 더 좋은 대우를 해주어야 하기 때문에 선뜻 나서지 않는다. 그렇게 비정규직으로 계속 근무하는 사람들이 늘어났다.

정부는 고용보장이 불안한 비정규직 노동자를 보호하기 위해 칼을 빼들었다. 2007년 7월, 정부는 비정규직 노동자 보호를 위한 법을 만들어 시행했다. 기업은 비정규직 노동자를 2년까지만 고용할 수 있다. 2년 이상 비정규직으로 고용하려면 정규직으로 전환을 해야 한다. 정규직은 아니더라도 최소한 무기계약직으로 바꾸어 주어야 한다. 2년 이상 근무를 하면 정규직이나 무기계약직으로 신분 보장을 해주고 계속 회사에서 근무할 수 있도록 해주는 제도다. 정부가 목적으로 한 것은 비정규직을 감소시켜 비정규직 노동자를 보호하는 것이었다. 2년마다 계약을 해야 하는 비정규직 노동자들을 정규직이나 무기계약직으로 전환하도록 하여 노동자의 복지를 증진시키는 것이었다.

하지만 이러한 제도 개선에 반대하는 목소리도 있었다. 기업들이 비정규직 노동자를 정규직이나 무기계약직으로 변경해주는 대신, 2년이 된 비정규직 노동자들을 재계약하지 않는 방침을 선택할 수 있다. 기존에 일하고 있는 비정규직 노동자와 재계약하지 않고 다른 비정규직 노동자를 채용하는 것이다. 비정규직 노동자를 오래 고용하지 않고 2년마다 비정규직 노동자를 바꾸게 된다. 이전에는 비정규직 노동자라 하더라도 어쨌든 2년마다 재계약되면서 계속 일할 수 있었다. 하지만 새로운 제도 하에서는 2년만 일을 하고 나가야 한다. 기업이 정규직이나 무기계약직으로 해주면 물론 좋다. 그러나 정규직이나 무기계약직으로 전환이 안 되면 그냥 회사를 나가야 한다. 비정규직 노동자 입장에서는 좋아지는 것이 아니라 오히려 나빠질 수 있다.

이런 우려가 있었지만 2007년 7월, 새로운 비정규직 보호법이 시행된다. 정부는 새로운 비정규직 보호법 하에서 대부분의 비정규직 노동자들이 정규직으로 전환이 되고, 궁극적으로 비정규직 노동자들에게 도움이 될 것으로 판단했다.

2007년 비정규직 보호법이 시행된 결과는 어땠을까? 일단 단순하게 보면 2007년 비정규직 보호법이 시행된 이후 비정규직 노동자는 감소했다. 2007년도에 비정규직 노동자는 570만 3천 명이었다.

그런데 법이 시행된 후 2008년 비정규직 노동자는 544만 5천 명이었다. 25만 명 정도 비정규직 노동자 수가 감소했다. 그리고 비정규직 비율도 줄어들었다. 2007년도의 비정규직 비율은 35.9%였다. 그런데 2008년도에는 33.8%, 2009년도에는 34.9%였다. 2007년도 비정규직 비율보다 감소했고, 그만큼 정규직 노동자 비율이 증가했다.

비정규직 노동자 수는 감소했고 정규직 노동자 비율은 증가했다. 그러면 비정규직 보호법은 충분히 비정규직 노동자를 보호한 것으로 볼 수 있다. 하지만 문제가 있다. 비정규직 노동자 수가 감소할 때, 이 비정규직 노동자들이 정규직으로 전환된 것이라면 분명 비정규직 노동자에게 이로운 것이다. 하지만 비정규직 노동자가 감소한 것이 정규직으로 전환해서가 아니라 그냥 해고된 것으로 끝난 것이라면? 정규직이 되지 못하고 비정규직으로 일할 수가 없게 되어서 비정규직 노동자 수가 감소한 것이라면? 비정규직 일자리가 감소되기만 해서 이전에는 비정규직으로라도 일할 수 있었던 사람들이 이제는 어떤 일도 하지 못하게 된 것이라면? 그러면 비정규직 보호법은 비정규직들에게 이익을 가져온 것이 아니라 더 큰 손해를 준 법이 된다. 비정규직을 위한다는 법이 오히려 비정규직들에게 피해를 끼친 것이다.

2008년 이후 비정규직 노동자는 분명히 줄었다. 그리고 비정규직 노동자 비율도 감소되었다. 그런데 이것이 정말로 비정규직이 정규직으로 전환되어서 발생한 효과일까, 아니면 정규직으로 전환되지 못하고 단지 비정규직 일자리가 없어져서 발생한 효과일까?

2018년, 한국의 대표적인 경제 연구기관인 KDI가 비정규직 보호법이 노동자 고용에 미친 영향에 대한 보고서를 발표했다. 2007년 이후 2011년까지의 패널 조사를 바탕으로, 비정규직 보호법이 실제 노동자들에게 어떤 효과를 발생시켰는지를 분석했다. 이 보고서에 따르면 비정규직 보호법 이후 정규직 일자리가 11% 증가했다. 그리고 기간제, 파견직 비정규직은 무려 50% 정도가 감소했다. 기간제, 파견직 비정규직은 이 비정규직 보호법이 직접적으로 대상으로 하는 노동자들이었다. 비정규직이 감소되고 정규직은 증가되었다. 그냥 보면 많은 비정규직 노동자들이 정규직으로 바뀌어 노동자들의 고용이 보장된 것처럼 보인다.

그런데 전체 고용 규모는 3.2%가 감소했다. 또 기간제, 파견직 비정규직 말고 시간으로 일하는 시간제 비정규직도 10.1% 증가했다. 비정규직 보호법은 기간제, 파견제 비정규직을 대상으로 했고, 시간제 비정규직은 그 대상이 아니었다. 비정규직 보호법으로 인해 비정규직 중에서 상대적으로 좋은 일자리인 기간제, 파견직 비정규직은 감소했지만, 시간제 아르바이트 등 상대적으로 열악한 비정규직은 증가했다.

다시 말해, 그동안 기간제와 파견직으로 일하던 비정규직 중에서 일부는 정규직으로 전환됐다. 비정규직 보호법이 목적한 그대로 보다 양질의 일자리로 바뀌었다. 하지만 더 많은 비정규직들은 기간제, 파견제 비정규직에서 시간제 비정규직으로 이동했다. 그리고 기업의 일자리 자체가 줄어들었다. 소수의 비정규직 노동자는 이익을 보았다. 그러나 더 많은 비정규직 노동자가 시간제 노동자로 이동하거나 일자리를 잃었다. 일자리 자체가 감소하면서 일할 수 있는 기회를 빼앗긴 사람들도 증가했다.

비정규직 보호법은 정말로 비정규직 노동자들을 보호하는 법이었을까? 선택받은 소수의 비정규직 노동자들에게는 긍정적이었지만 더 많은 비정규직 노동자들에게는 부정적이었다. 비정규직 노동자들을 정규직으로 변경하는 효과보다는, 그래도 상대적으로 괜찮았던 비정규직 일자리들을 없애는 효과가 더 컸다. 규제의 역설이었다.

# 특성화고 학생들의 취업을 막은 학생 안전 대책

현재 한국의 고등학교는 크게 일반계 고등학교와 특성화 고등학교로 나뉜다. 일반계 고등학교는 대학 진학을 준비하는 고등학교다. 고등학교 3년 동안 대학에 입학할 준비를 한다. 이에 비해 특성화 고등학교는 졸업 후 바로 취업을 목적으로 한다.

특성화고 고등학생들이 현장 기술을 배우고 이들에게 취업을 지원하는 주요한 제도로는 현장 실습이 있었다. 고등학교 3학년 2학기가 되면 기업에 현장 실습을 나간다. 현장 실습이기는 하지만 실질적으로는 취업이다. 현장 실습을 하면서 그 기업에서 일을 배우고, 특별한 일이 없으면 졸업을 하고 바로 그 기업에 취업을 한다. 고등학생들은 실제 기업 현장에서 일을 배우는 효과가 있고, 기업은 현장 실습생 명목으로 학생을 받아 미리 교육을 시키고, 실습 기간 동안은 낮은 임금을 주어도 된다는 이익이 있었다.

2017년 11월, 제주도에서 현장 실습을 하던 특성화고 학생이 사망하는 일이 발생했다. 기계를 정비하는 중에 발생한 사고였다. 이 학생은 아직 고등학생 신분이었고, 사회적 문제가 되었다. 현장 실습 고교생들이 제대로 보호받지 못한다는 비판이 제기되었고, 그래서 2018년 3월, 교육부는 특성화고 학생들의 현장 실습에 대해 새로운 규제를 만들었다.

그동안 특성화고 학생들은 특별히 기업을 가리지 않고 현장 실습을 갔다. 때로는 안전이 미비한 공장에 현장 실습을 가서 일하기도 했다. 이제는 아무 기업에서나 현장 실습을 할 수 없게 되었다. 정부의 심사를 받고 안전 기준을 통과한 기업에서만 현장 실습을 할 수 있다. 그리고 졸업 전에 현장 실습을 하면서 미리 취업하는 것도 금지했다. 학생이 학교에서 공부를 하고 기술을 익혀야 하는데, 기업에 가서 일하고 있으면 안 된다는 것이다. 그래도 기술을 배우는 학생이니만큼 현장 실습이 필요하긴 하다. 이전에는 6개월 실습이 가능했는데, 이제는 3개월만 기업에 나가 현장 실습을 할 수 있도록 했다.

이제 특성화고 학생들은 정부가 심사하여 안전이 보장된 기업에서만 현장 실습을 하게 되니 보다 안전할 것이다. 현장 실습이 바로 취업과 연결되는 것이 아니니 실습을 하며 기업에서 부당한 요구를 하더라도 거부할 수 있다. 현장 실습 기간을 3개월로 줄였으니 학생으로서 학교생활에 보다 충실할 수 있다. 졸업 전에 기업에서 일하지 않고 학교에 계속 남아있게 하였으니 학생들은 보다 안전해진다.

2018년 3월, 교육부의 이 조치가 이루어진 후 학생들은 보다 안전해졌나? 안전해졌다. 이 조치 실행 이후에는 특성화고 학생이 현장 실습을 하면서 사고를 당하는 경우는 없어졌다. 그런데 작업 환경이 안전해져서 사고가 없어진 것은 아니다. 특성화고 학생들은 더 이상 현장 실습을 나가지 못하게 되었다. 일을 하지 않으니, 일을 하다가 다칠 일도 없다.

학생들 입장에서는 현장 실습이 주는 의미가 있었다. 아무리 학교에서 기술을 배운다고 해도 거기에는 한계가 있다. 직접 기업 현장에서 일을 하는 것과는 아무래도 다르게 마련이다. 그리고 기업 현장에서 경험이 있느냐 없느냐는 노동자로서의 경쟁력에도 영향을 미친다. 학생들은 계속해서 현장 실습을 가고자 했다.

하지만 기업 입장은 다르다. 자기 일도 바쁜데 일부러 고교생을 받아 일을 가르쳐줄 필요는 없는 것이다. 그동안 현장 실습생을 받은 것은 고교생들에게 순수하게 일을 가르쳐주고자 한 것이 아니었다. 현장 실습 형태기는 하지만 실질적으로 자기 기업에 취업을 한 것이다. 졸업하면 자기 기업에 정식으로 취업을 할 것이니, 미리 받아 그 학생에게 일을 가르쳐 주고 돈을 지급했다.

그런데 이제는 현장 실습과 취업이 연결이 되지 않는다. 학생은 3개월간 현장 실습만 하고 바로 떠나버린다. 숙련공이 와서 3개월 동안 일한다면 그래도 도움이 될 수 있다. 그런데 고교생 현장 실습은 그야말로 그냥 실습일 뿐이다. 자기 기업에 취업할 학생도 아닌데 그런 사람을 3개월간 받아서 가르칠 이유는 없다.

또 기업이 현장 실습생을 받으려면 정부에 신청을 해서 안전 심사를 받아야 한다. 자기 기업에 취업할 사람을 미리 받는 것이 아니라면 현장 실습생을 받는다는 것 자체가 기업 측면에서는 이래저래 부담만 될 뿐이다. 그런데 기업이 현장 실습생을 받을 수 있게 해달라고 정부에 신청하고 심사를 받는다? 기업은 그럴 이유가 전혀 없고, 그래서 현장 실습 자체가 대폭 감소한다.

특성화고에서 현장 실습을 거의 나가지 못하게 되고, 현장 실습을 통한 취업 기회도 사라지니 졸업 전에 취업하는 것이 불가능해진다. 이전에는 졸업 전에 대부분 일자리가 정해졌다. 하지만 이제는 졸업할 때 일자리가 정해지는 경우는 극소수다. 특성화고를 졸업할 때, 모두 백수가 된다. 졸업하고 일자리를 찾으면 되지 않느냐고 하지만, 이때 학생들은 유치원에 들어간 이후 평생 처음으로 아무데도 소속이 없는 '백수' 상태가 되는 것이다.

졸업하기 전에 다음 진로가 정해지는 것과 아무런 기약 없이 졸업하는 것은 심리 상태가 완전히 다르다. 특성화고 학생들은 일을 하면서 부상당할 위험은 거의 없어졌지만, 졸업 후 그 다음 진로가 정해지지 않는 정신적 불안감이 커졌다.

특성화고 학생들의 현장 실습과 취업을 막으면서 발생한 부작용은 단순히 특성화고 학생들이 졸업할 때 백수가 된다는 것에 그치지 않았다. 특성화고 학생들이 졸업을 하면서 백수가 되기 싫으면 어떻게 해야 할까? 졸업하기 전에 무언가 진로를 정하기 위해서는 어떻게 해야 할까? 기업을 알아보기는 힘들다. 12월 초 기말고사가 끝난 후 취직할 곳을 알아봐야 하는데, 12월 말과 1월 초는 연말연시와 설 연휴가 있어서 기업에서 제일 사람을 덜 뽑는 시기다. 12월 초 전에 취업하지 못하면 대부분 2월 졸업 때까지 그 상태가 이어진다.

특성화고 학생들은 대학에 지원하기 시작했다. 특성화고 학생 중에서 대학에 진학하는 비율은 2017년에 32.8% 정도였다. 그것이 2019년이 되면 42.5%로 늘어난다. 그만큼 특성화고 학생들이 기업에 가는 취업률은 떨어졌다.

특성화고는 원래 대학이 아니라 직장을 가기 위해서 지원하는 곳이었다. 그런데 특성화고를 나와도 대학을 가는 것이 주된 진로가 되니, 특성화고에 들어갈 이유가 없어진다. 특성화고 진학자 수는 2017년 81,894명에서 2018년 78,630명으로 5% 정도 감소한다. 학생 수가 줄어서 아니냐고? 전체 고등학교 진학자 중에서 특성화고에 진학하는 비율도 함께 줄어들었다. 2020년 현재, 특성화고는 생존 자체가 어려워졌다.

2018년에 취한 특성화고 현장 실습에 대한 규제 강화는 특성화고 학생들의 안전을 위한 것이었다. 그런데 아예 일을 하지 못하게 해서 안전을 담보하도록 했고, 결국 특성화고를 졸업하는 것 자체를 안전하지 않은 위험한 길로 만들었다. 현장 실습 규제 강화는 학생들을 위한 규제라고 보기 힘들다.

# 강사 일자리를 없애는 대학 강사법

2018년 11월, 대학 강사법이 국회를 통과했다. 원래 법 이름은 고등교육법이다. 법안의 주 내용이 대학의 시간강사를 보호하려는 것이기 때문에 대학 강사법이라는 이름으로 불린다. 2010년 한 대학의 시간강사가 시간강사의 어려움을 고발하며 자살했다. 시간강사들을 보호해야 한다는 목소리가 커졌고, 이에 따라 소위 대학 강사법이 제정되었다. 대학 강사법은 시간강사들의 어려움을 해결하기 위한 좋은 의도로 만들어진 제도다.

시간강사들의 가장 큰 문제점은 신분보장이 안 된다는 점이다. 시간강사는 계약직이다. 원래 계약직 자체가 신분보장이 잘 안 되지만, 시간강사는 그 정도가 다른 업종에 비해 더 심하다. 다른 계약직은 2년, 최소한 1년 단위로 계약을 맺는다. 그런데 시간강사는 4개월 정도가 계약 단위다. 3월 초에 개학하고 강의가 끝나는 6월말까지,

아니면 9월 초에 개학해서 12월에 종강할 때까지다. 1학기에 시간강사를 했다고 해서 2학기의 시간강사 자리가 보장되지 않는다. 시간강사는 다음 학기에 대해 비전은커녕 아무런 계획을 가질 수 없다.

그리고 시간강사는 강의 시간에 따라 보수를 받는다. 한 과목 3학점을 맡으면 한 달에 50만 원 정도 돈이 들어오고 두 과목 6학점을 맡으면 한 달에 100만 원 정도 벌 수 있다. 대부분 학교가 한 명의 시간강사에게 3학점이나 6학점을 맡긴다. 9학점을 맡기는 경우는 가끔 있지만, 12학점을 맡기는 경우는 없다(전임 교수 이상만 12학점 이상을 강의할 수 있도록 되어 있다).

그러면 시간강사는 한 달에 50만 원 정도에서 최대 150만 원까지만 수입이 있다는 뜻이다. 한 달에 아무리 벌어도 150만 원 정도이고, 일 년에 8개월 정도만 일할 수 있다. 그리고 다음 학기, 내년에 일을 계속할지 알 수 없다. 시간강사의 처우가 어려운 것은 분명한 사실이다.

그래서 대학 강사법이 만들어졌다. 시간강사를 채용하면 1년 동안 임기를 보장한다. 그동안은 다음 학기에 어떻게 될지 몰랐는데, 이제는 1년은 그 대학에서 강사를 할 수 있다. 그리고 특별한 문제가 없으면 3년까지 재계약을 보장한다. 이제는 시간강사들이 한 번 강사로 채용되면 특별한 일이 없는 한 3년을 계속 강사로 지낼 수 있다. 또 그동안은 방학 동안에는 수입이 없었는데 이제는 방학 기간에도 월급을 받는다. 대학 강사법은 강사들의 신분 불안정과 수입 불안정을 한

번에 해소하는 법이다. 이 강사법은 2019년 8월부터 시행되었다.

대학 강사법은 분명 시간강사들을 위해서 만든 법이다. 그러면 정말로 이 법에 의해서 시간강사들의 처우가 좋아졌을까? 불행하게도 일이 그렇게 흘러가지는 않았다. 대학 강사법이 시행되고 약 8000명 정도의 강사들이 일자리를 잃었다. 2018년에 3만 2천 명이었던 강사 수가 2019년 9월에 2만 4천 명 정도로 줄어들었다. 25% 정도가 감소된 것이다. 시간강사들 전체의 몫은 어떨까? 이득을 얻는 강사들의 플러스 몫이 손해를 입는 강사들의 마이너스 몫보다 더 크다면 그래도 정당성이 인정될 수 있다. 하지만 그것도 아니다. 강사들에게 돌아가는 전체적인 몫도 감소되었다. 의도는 좋지만 결과는 부정적으로 나오는 규제의 역설이 발생했다.

어떤 사람들은 대학이 시간강사들을 해고하지 않으면 되는 거 아니냐고 한다. 시간강사들에게 그동안 4대 보험도 들어주지 않고 신분 보장도 하지 않으면서 낮은 임금을 준 것이 문제다. 이제 4대 보험도 들어주고 신분 보장도 하고 방학 때도 임금을 주자는 것이 시간강사법이다. 돈을 더 주면 되는 건데 대학이 시간강사들에게 돈을 더 주지 않기 위해 시간강사를 해고한다고 비판한다. 시간강사들의 처우를 생각하지 않고 예산 절약만 생각하는 대학이 문제라고 비판한다.

일반적인 직장에서는 최저임금이 올라가면 기존 직원들의 인건비도 증가한다. 그래서 기업은 인건비 지출을 줄이기 위해 직원들을 해고한다. 이것이 일반적인 직장에서 인건비가 올랐을 때 대응하는 방법이다. 그것처럼 대학에서 시간강사법이 시행될 때 시간강사가 해고되는 것이 대학이 인건비 절약을 위해 꼼수를 부리는 것이라고 생각한다.

그러나 그렇게 간단하지 않다. 대학에서 강사법을 빌미로 강사들이 해고되는 것은 돈 문제가 아니라 기본적인 대학 강의의 구조 문제기 때문이다. 대학에서 시간강사들에게 강의를 줄 때는 한 명에게 12학점, 15학점을 주지 않는다. 제도적으로 12학점 이상을 주지 못하게 되어 있다. 대부분 3학점이나 6학점을 준다.

그동안 강사 '가'에게 A과목 3학점, 강사 '나'에게 B과목 3학점, 강사 '다'에게 C과목 3학점, 강사 '라'에게 D과목 3학점을 맡겨 왔다. 그런데 대학 강사법에서는 시간강사를 교원으로 대우한다. 정식 교원이 되면 최소 9학점 이상을 강의해야 한다. 그동안 A과목 3학점을 강의해왔던 시간강사 '가'는 이제 9학점 이상을 강의해야 하고, 그러면 B과목, C과목도 같이 강의를 해야 한다. 그러면 그동안 B과목, C과목을 강의해온 '나', '다'는 어떤 과목을 강의해야 하나? 강의할 수 있는 과목이 없다. 그동안 '가', '나', '다' 강사들이 나누어서 강의해오던 과목을 이제 교원이 된 강사 '가'가 모두 맡는다. '나'와 '다'는 강사 자리를 그만두고 나갈 수밖에 없다. 한 명은 3년 계약이 인정되는 강사가 되지만, 나머지 더 많은 강사들은 일자리를 잃는다.

강사에게 6학점을 주어 온 대학도 마찬가지다. '가'는 2과목 6학점, '나'는 2과목 6학점을 강의해 온 경우, '가'가 교원이 되면 이제

9학점 이상, 12학점은 강의해야 한다. 그러면 '나'가 강의해 온 과목을 받을 수밖에 없고 '나'는 강사 자리를 잃는다. 시간강사가 교원이 되면 최소한 2배 이상 강의를 더 해야 한다. 그러면 반 이상의 강사는 자리를 잃을 수밖에 없다.

그러면 모든 강사들에게 다 9학점, 12학점의 과목을 주면 되지 않느냐고? 대학 강의 수는 한정되어 있다. 강사들에게 과목을 더 주기 위해서는 원래 전임교수들의 강의 과목이 줄어야 한다. 하지만 현재 전임교수들은 무조건 9학점 이상 강의를 하도록 되어 있다. 전임교수들이 이 시간을 채우지 못하면 징계 사유가 된다. 과목 수를 늘리는 것은 한계가 있다. 전임교수들과 (강사법에 따라 새로) 교원이 된 강사들이 일정 수 이상의 강의를 맡게 되면 다른 강사들에게 줄 수 있는 과목 자체가 없어진다. 강의할 과목이 없으니 강사의 일자리도 없어진다. 시간강사를 교원 강사로 전환하도록 한 조치가 대부분의 강사들이 일자리를 잃게 만들고 말았다.

사실 이런 구조적인 문제는 대학에 있는 사람들은 모두 다 알고 있는 사항이다. 그래서 대학 강사법에 대해서 대학 구성원들은 모두 반대해 왔다. 대학 측만 반대한 것이 아니라 시간강사들도 반대했다. 시간강사를 돕기 위해 만들어진 대학 강사법이지만, 정작 시간강사들도 적극적으로 반대했다. 대학 강사법이 실제 대부분의 시간강사들의 일자리를 없애리라는 것을 시간강사들도 예측했기 때문이다. 2010년에 만들어진 법이 2018년까지 시행되지 않고 계속 연기되어

온 것은 이렇게 시간강사들도 반대해 왔기 때문이다.

　　시간강사 본인들도 반대하는 법이 결국 2019년 8월부터 시행되었다. 정부는 시간강사 대량 해고가 발생하지 않도록 지원금을 주고, 대학에 불이익을 주는 등 여러 조치를 했다. 그러나 그럼에도 7400명 정도의 강사가 해고되고, 전체 강사의 25%가 감소했다. 정부가 시간강사를 해고하지 말라고 강하게 요구했는데도 이런 수준이다. 앞으로 계속해서 시간강사 자리는 사라질 수밖에 없다. 시간강사들을 돕겠다는 목적은 좋지만, 결국 시간강사들을 망하게 한 규제다.

# 장애인들이 반대하는 장애인 지원 정책

2019년까지 한국의 장애인 복지 제도는 장애 등급제를 기반으로 했다. 장애 등급제는 장애인을 장애 정도에 따라 1등급에서 6등급까지 구분하고, 등급에 따라 복지 서비스를 제공하는 제도다.

　1등급에서 3등급까지는 중증 장애인이다. 특히 1급과 2급에게는 도우미 서비스가 제공되었다. 목욕을 하거나 외출을 할 때 도우미가 붙어서 지원을 해주었다. 같은 중증 장애인이라고 해도 제공되는 서비스에 차이가 있었다. 1급, 2급 장애인에게는 장애인 연금이 지급되고 전기요금, 철도 및 항공 요금이 할인되었다. 소득세도 공제되었다. 3급 장애인에게는 중복 장애인 경우에만 장애인 연금이 지급되고 경증 장애수당이 지급되었다. 4급부터 6급까지는 경증 장애인으로 경증 장애수당을 받았다. 그리고 철도, 항공 등에 대해 할인 혜택이 있었다.

　2019년 7월, 장애 등급제가 폐지되었다. 장애 등급제에서는

1~3급 장애인에게만 도우미 서비스가 제공되었다. 장애인에게 가장 필요한 것은 할인 혜택 같은 것보다 도우미가 옆에 붙어서 도와주는 것이다. 그런데 4급 이하 장애인들은 도우미 서비스를 받을 수 없었고, 그래서 장애 등급제 폐지는 그동안 장애인들의 숙원이었다. 경증 장애인에게도 도우미 서비스를 제공하는 방향으로 장애인 복지제도를 개편했다. 모든 장애인들이 도우미 서비스를 이용할 수 있게 했다. 장애인들이 오랫동안 요구해 온 것을 수용해 장애인에 대한 복지를 늘린 것이다.

그런데 이상한 일이 벌어졌다. 장애인들이 거리로 나와서 시위를 했다. 다른 장애인도 아니고 휠체어를 타야 하는 중증 장애인들이 거리로 나와서 정부의 새로운 장애인 지원 제도를 규탄했다. 그동안 4급 이하 장애인들에게 도우미 서비스를 제공하지 않다가 이제부터는 모든 장애인들에게 도우미 서비스를 제공한다고 했는데, 다른 사람들도 아니고 장애인들이 거리로 나왔다.

무엇이 문제였을까? 4~6급 장애인까지 대상이 확대되면서 도우미 서비스를 받는 장애인 수가 증가했다. 그동안은 7만 1천 명이 도우미 서비스를 받을 수 있었는데, 이제는 경증 장애인까지 합쳐 8만 1천 명의 장애인들이 도우미 서비스를 받게 되었다. 그런데 도우미 서비스에 대한 예산은 그만큼 늘지 않았다. 도우미 서비스에 쓸 수 있는 돈은 그대로인데, 도우미 서비스를 받는 사람은 늘었다. 그러면 쓸 수 있는 방법은 한 가지다. 장애인 1인당 도우미 서비스 비용을 줄이는 것이다. 그동안 중증 장애인으로 도우미 서비스를 받았던 사람들이 보다 적은 비용으로 도우미 서비스를 받아야 했다.

그런데 도우미 서비스 비용이란 게 무엇일까? 도우미 서비스는 뭔가 특별한 장비나 프로그램을 지원해주는 것이 아니다. 도우미의 인건비다. 도우미 서비스를 보다 적은 비용으로 이용해야 한다는 것은 도우미의 노동비가 감소해야 한다는 뜻이다. 도우미가 고임금을 받았다면 그 임금을 삭감하면 된다. 하지만 도우미는 고임금 직종이 아니다. 거의 최저임금을 받으며 일하고 있다. 이미 임금이 낮은데 거기서 더 노동비를 줄이려면 노동 시간을 줄이는 방법 밖에 없다.

결국 모든 장애인들에게 도우미 서비스가 제공되면서, 중증 장애인에 대한 도우미 서비스 시간이 줄어들었다. 그동안 하루 종일 도우미가 붙어 있었다면 이제부터는 오전이나 오후에만 도우미가 붙어 있게 된다. 아주 심한 중증이 아닌 경우에는 65세 이상 노인들이 하루 4시간 이상은 도우미 지원을 받을 수 없게 된 경우도 생겼다. 이처럼 장애인 복지 대상자는 늘었지만 중증 장애인에 대한 지원은 오히려 줄어들었다. 예산이 그대로인 상태에서 대상자가 늘어났으니 1인당 받는 지원은 감소할 수밖에 없었다.

사실 예산이 조금 늘어나기는 하였다. 모든 장애인에게 도우미 서비스를 제공하기 위해서 3000억 원 정도의 예산이 늘어났다. 그런데 2018년과 2019년은 최저임금이 급속도로 증가되었던 해다. 도우미들에 대한 임금도 최저임금 상승분만큼 증가되어야 했다. 예산은 늘어났지만 거의 대부분 최저임금 상승에 따른 임금 상승분으로 지출되었다. 순수하게 장애인들의 복지 증대를 위한 예산은 별로 증가하지 않았다. 이런 상태에서 모든 장애인들에게 도우미 서비스를 제공하려면, 1인당 도우미 지원 시간은 줄어들 수밖에 없다.

중증 장애인에 대한 도우미 지원 시간이 감소하는 것은 중증 장애인과 가족에게는 치명적인 것이다. 혼자 밥을 먹을 수도 없고 대소변 가리기도 힘든 중증 장애인들이 많다. 하루에 2~3시간만 도우미 지원 시간이 감소한다고 해도, 이들에게는 그 시간 동안 완전히 혼자 지내야 한다는 것을 뜻한다. 그 비는 시간만큼을 가족이 지원해야 하는데, 낮에 일을 나가야 하는 가족에게 있어 이 2~3시간을 책임진다는 것은 굉장히 힘들다. 그동안은 퇴근 시간까지 도우미가 돌봤다면 이제는 퇴근 시간 전에 도우미가 돌아간다. 단지 몇 시간이 줄어들 뿐이지만 타격이 크다.

경증 장애인들에게도 도우미 서비스를 제공한다고 하지만, 경증 장애인을 돕기 위해서 중증 장애인에 대한 지원을 감소시키는 것은 어느 장애인도 바라던 것이 아니었다. 장애인을 지원한다고 개편한 제도가 오히려 장애인들을 어렵게 하는 것이었고, 그래서 장애인들이 장애인 지원 제도 변경에 대해 거리에 나와 시위를 하게 되었다. 장애인을 돕겠다는 정책이 오히려 장애인들을 더 어렵게 한 역설적 결과가 되었다.

# 3장　사적 이익의 추구는 규제할 수 있을까

사회과학에서 가장 오래된 논쟁은 자본주의와 공산주의, 사회주의를 둘러싼 논쟁이다. 자본주의는 기본적으로 성악설적인 입장에서 사람들이 모두 자기 이익, 사적 이익을 추구하는 존재라고 여긴다. 이에 대하여 공산주의, 사회주의는 사람들에 대해 성선설적 입장을 취한다. 사람들은 사적 이익보다 공적 이익을 더 추구하고, 공적 이익을 위해서 사적 이익을 얼마든지 스스로 제어할 수 있다고 본다. 자본주의에 대해 사람들이 부정적인 시각을 가지고 사회주의에 대해 긍정적인 시각을 가지는 것은 당연한 일이다. 우리는 다른 사람들이 좋고 착한 사람이기를 기대하고 원한다. 대놓고 인간은 이기적이고 사익을 추구하는 존재라 얘기하는 자본주의가 좋게 보일 리없다.

인간의 성선설을 믿는 사람들은 사익을 충분히 제어할 수 있다고 생각한다. 개개인이 스스로 사익을 제어하지 못하면, 정부가 규제를 잘 만들어 사익 추구를 충분히 통제할 수 있다고 본다. 그런데 아무리 규제를 한다고 해도 인간의 본성을 막아내지는 못한다. 어떤 상황에서도 사람들은 자기 이익을 챙기려 한다. 강력한 규제로 사익 추구가 불가능하도록 만들 수는 있지만, 그때 사람들은 행복해하는 것이 아니라 불행해한다. 사익 추구를 완전히 규제하는 것이 좋은 결과를 만들어내는 경우는 거의 없다. 오히려 규제의 역설을 만들어낸다.

# 시장에서 물건이 사라지게 한 마진 30% 룰

2020년 현재, 전 세계에서 포퓰리즘으로 망한 대표적인 나라를 하나 꼽으라면 아마도 베네수엘라가 가장 많은 표를 얻을 것이다. 석유 하면 중동 국가들을 생각하기 쉽지만 석유 매장량 세계 1위 타이틀은 베네수엘라가 갖고 있다. 석유 수출만으로도 충분히 전 국민이 잘 먹고 살 수 있다. 그래서 베네수엘라는 중남미 국가 중에서 부유한 편에 속했었다. 하지만 그런 베네수엘라가 지금은 중남미 국가들의 골칫거리가 되었다. 베네수엘라 국민들이 자기 나라를 떠나 주변 국가로 계속 이주하고 있기 때문이다. 합법 이민도 있지만 불법 이민이 훨씬 더 많다. 미주기구OAS에 따르면 최근 몇 년 사이 약 460만 명의 베네수엘라 국민들이 고국을 떠나 주변 국가로 이주했다.

수십 수백만의 국민들이 자기 나라를 떠날 때는 다 이유가 있다. 바로 먹고 살기가 힘들기 때문이다. 지금 베네수엘라에서는 먹을 것도 충분하지 않고, 아플 때 치료할 수 있는 약도 구하기 힘들다. 베네수엘라 국민들의 평균 몸무게는 최근 수년 동안 10킬로그램 정도 줄어들었다. 충분히 먹지를 못해서다.

혹자는 베네수엘라 정부가 수십 년 동안 복지 차원에서 국민들에게 지나치게 돈을 쓴 것이 문제라고 한다. 정부가 지나치게 돈을 풀면 인플레이션이 일어나고 그게 문제가 되기는 하지만, 그렇다고 국민들 모두가 이렇게까지 먹을 것 부족에 시달리지는 않는다. 인플레이션 때문에 음식이 비싸서 문제가 되는 것과 음식 자체가 없어서 문제가 되는 것은 완전히 차원이 다른 문제다. 지금 베네수엘라는 음식이 비싸서 가난한 사람들이 사먹을 수 없는 게 아니라, 먹을 것 자체가 없다.

아프리카처럼 원래 먹을 게 없었던 가난한 나라라면 이해할 수 있다. 하지만 베네수엘라는 원래 먹거리가 풍부했던 국가다. 그런데 지금의 마두로 정권이 들어서고 7년 만에 몇 백 만 명이 먹을 것을 찾아 이웃 나라로 떠나는 국가가 되어 버렸다.

이렇게 베네수엘라가 주저앉게 된 이유로 여러 가지를 들 수 있다. 베네수엘라는 석유로 번 돈을 가난한 사람들에게 펑펑 썼다. 하지만 2010년대 중반 석유 가격이 폭락하면서 경제가 어려워졌다. 석유를 팔아서 먹고 사는 국가였는데 석유 가격이 폭락했으니 문제가 생길 수밖에 없다. 하지만 세계에서 석유를 팔아서 먹고 사는 국가가 베네수엘라만 있는 것은 아니다. 사우디아라비아도 석유만 팔아서 먹고 산다. 석유 가격이 떨어지면서 사우디아라비아도 어려워지기는 했지만 베네수엘라 같은 상황은 아니다.

베네수엘라가 이런 위기에 몰리게 된 진짜 원인은 따로 있다. 바로 '마진 30% 룰'이라는 정책이다. 베네수엘라에서는 기업이 자기가 판매하는 상품의 가격을 결정할 때 원가 대비 30% 이상 마진을 올리면 안 된다. 원가에서 30% 이상 이윤을 붙여서 가격을 매기면 기업주가 구속된다. 감옥에 갈 뿐만 아니라, 국가가 사업체를 몰수해 국유화시킨다.

'마진 30% 룰'은 지금의 마두로 정권이 들어서면서 만든 정책이다. 왜 이런 정책을 만들었을까? 분명 좋은 의도로 시작했다. 상품의 가격을 낮게 해서 일반 국민들이 보다 저렴한 가격으로 물건을 살 수 있도록 한 것이다. 그러면서 일반 국민들을 희생해 폭리를 취하는 기업주들을 막으려고 했다. '마진 30% 룰'이 잘 시행되면 기업주들은 딱 적정한 이윤만 얻고, 국민들은 싼 가격에 물건을 살 수 있다. 30% 이윤이면 기업주들에게도 충분한 보상이 되는 게 아닐까? 그 정도 이익은 보장하고 있으니 아무 문제가 없다. 선의로 만든 정책이고, 국민들도 기업들도 서로 만족할 만한 선에서 정한 룰이니 좋다고 생각했다. 이 정책을 따르지 않고 30% 이상 이윤을 취하는 기업가들은 탐욕스러운 나쁜 놈들이니 감옥에 보내고 그 기업체는 몰수하자! 이러면 누구나 다 이 규정을 지킬 것이다.

기업에게 30%의 이윤은 보장한다니 그럴듯하게 들린다. 30%

정도 이익을 챙기는 정도면 괜찮지 않을까, 라고 생각하기 쉽다. 맞다. 원가 대비 30% 이익을 챙길 수 있다면 분명 적지 않은 수익이다. 단 조건이 있다. 기업이 생산한 모든 물건들이 다 팔린다는 조건이 충족되어야 한다. 생산하는 족족 다 팔리고 거기서 30% 이익이 남았다면 굉장히 높은 수익이다. 하지만 팔리지 않는 물건이 있다면 이야기가 달라진다. 팔리지 않는 물건이 있다고 가정하고, 각 물건마다 30%의 이윤만 붙여야 한다면 기업은 전체적으로 절대 이윤을 내기 힘들다.

제품 A의 원가가 1만 원, B가 1만 원, C가 1만 원이라고 하자. 모두 30,000원이 들었다. 마진 30% 이윤을 붙여서 가격을 매긴다고 하면 A가 13,000원, B가 13,000원, C가 13,000원이다. A, B, C 모두 팔리면 39,000원의 매출이 생기고 마진 30% 룰에 따라 9,000원의 이익이 남는다. 그런데 만약 B와 C만 팔리고 A는 팔리지 않는다면 어떻게 될까. 매출은 26,000원이 되고, 원가가 30,000원이었으니 4,000원 손실을 보게 된다. 보통의 경우라면 다양한 대처 방안이 있다. 제품에 투입된 원가는 10,000원이지만, 각 상품의 가격은 18,000원 정도로 매긴다. 그러면 셋 중 하나가 팔리지 않는다고 해도 36,000원 매출에 6,000원, 20%의 이익을 낼 수 있다. 생산한 제품 3개 중에서 평균 1개 정도가 팔린다고 하면 제품 하나의 가격을 40,000원 정도씩 매긴다. 그래야 전체적으로 적정한 이익을 낼 수 있다. 그런데 이런 과정을 무시하고 단순하게 보면 원가 10,000원짜리를 40,000원에 파는 것이 된다. 마진율이 무려 300%다. 단번에 폭리를 취하는 기업가가 되어 버린다.

베네수엘라는 10,000원짜리를 40,000원에 팔아 300%의 폭리를 취하는 기업가들을 규제하려 했다. 그리고 국민들이 폭리가 붙은 가격인 40,000원을 지불하는 대신, 제품 원가에 30% 이윤만 붙인 13,000원에 살 수 있도록 해주려 했다. 이 시스템에서 기업은 절대 이익을 낼 수 없다. 자기가 생산한 모든 제품이 팔린다는 보증이 없는한 손실만 날 뿐이다. 그런데 마진 30% 이상의 가격을 붙이면 구속된다고 한다. 기업체까지 빼앗겨 국가 소유가 된다. 기업가들이 할 수 있는 방법은 하나다. 더 이상 기업 활동을 하면 안 된다. 기업을 접어야 한다.

상품 하나하나가 아니라 기업 전체의 이윤을 기준으로 하더라도 마찬가지다. 생산하는 옷 중 일정 비율만 팔릴 것으로 예상해서 가격을 정했는데 히트 상품이 되어 모두 팔리면 기업가는 감옥에 가야한다.

특히 유통기한이 문제가 되는 농수산물에서 이 정책의 문제점이 극명하게 드러났다. 대부분의 공산품들은 지금 당장 팔리지 않더라도 팔릴 때까지 계속 보관해둘 수 있다. 하지만 농수산물은 며칠 사이에 팔리지 않으면 폐기될 수밖에 없다. 이런 상품은 절대 원가에 가까운 가격에 팔 수가 없다. 원가보다 훨씬 비싼 가격에 팔아야 전체적으로 이윤이 난다. 농산물 산지 가격(원가)과 소비자 가격 사이에 엄청난 차이가 나는 것은 그런 이유 때문이다.

베네수엘라에서는 기업들이 사라지기 시작했다. 3년 정도 사이에 무려 80%의 기업체가 없어졌다. 농부와 목축업자들도 생산을 줄였다. 공급이 줄어드니 품귀 현상이 발생하고, 가격이 폭등한다. 일반적인 경우라면 농산물 가격이 올랐으니 많은 농부들이 더 많이 씨를 뿌려서 산출을 늘리려고 할 것이다. 어디나 마찬가지다. 소고기 값이 폭등했다면 목축업자들은 더 많은 소를 키우려 할 것이다. 하지만 베네수엘라에서는 그런 현상이 나타날 수 없었다. 아무리 일반 물가가 올라가도 소를 키우는 원가는 큰 차이가 없다. 한국처럼 사료를 많이 쓰는 경우에는 물가가 올라가면 소 목축 비용도 올라가지만, 남미처럼 초원에서 소를 기르는 경우에는 물가가 올라도 목축 비용은 거의 동일하다. 소고기 생산 원가는 비슷한데, 소고기 가격은 폭등을 했다. 하지만 30% 마진 룰 때문에 소고기는 시장 가격으로 판매할 수 없다. 그러면 잡혀간다. 생산원가에 30%를 더 붙인 가격으로만 판매해야 한다.

시장 가격은 50,000원인데 나는 10,000원에 생산했다. 그러면 13,000원으로 팔아야 한다. 억울해서 그렇게는 팔 수 없다. 목축업자들은 소고기를 생산해도 베네수엘라에 내놓지 않고 몰래 외국에 팔았다. 소고기가 생산이 되더라도 베네수엘라에서는 찾아볼 수 없는 이유다.

30% 마진 룰은 소비자가 싼 가격으로 물건을 살 수 있도록 한 규

제 정책이었다. 하지만 시장에서 물건 자체가 사라지면서 소비자들은 물건을 살 수가 없게 되었다. 가끔 구할 수 있는 상품은 이전보다 훨씬 더 높은 가격이 붙었다. 가격이 얼마든 상품이 있으면 무조건 사야만 되는 상황이 되어 버렸다. 국민을 위하려는 규제가 국민의 삶을 망친 대표적인 사례다.

# 빈부격차 감소에 실패한 부유세

사람들 사이에 지나치게 빈부격차가 확대되면 그에 따라 여러 가지 사회 문제들이 일어난다. 그래서 많은 국가들이 빈부격차를 감소시키기 위해 여러 정책을 마련한다. 빈부격차를 줄이기 위해 최근 논의되는 정책 중 부유세가 있다. 부유세는 부자들에게 그 재산에 대해 세금을 매기는 것이다. 보통 세금은 소득이 발생했을 때(소득세), 혹은 거래가 이루어졌을 때(부가가치세, 취득세, 등록세 등) 부과된다. 그런데 부유세는 부자라는 이유로 더 많은 세금을 부과하거나, 부자가 소유한 재산에 대해 세금을 매긴다.

부자에게 높은 세금을 거두면 부자의 재산은 감소한다. 그리고 그 세금을 가난한 사람들에게 보전하면 가난한 사람들의 소득이 올라간다. 부자의 재산은 감소하고 가난한 사람들의 재산은 증가하니 빈부격차가 감소할 수 있다. 그래서 복지국가를 지향하는 많은 유럽 국가들이 부유세를 도입했다. 1990년대 중반에는 OECD 국가 중 15개 국가가 부유세를 부과했다.

스웨덴은 부유세를 적극적으로 도입한 대표적인 나라였다. 1970년대 스웨덴의 소득세 최고 세율은 87%였다. 그런데 세금은 소득세만 있는 것이 아니다. 소득이 늘어나면 연금도 더 내야 하고 의료보험도 더 내야 한다. 소득세율 87%에 연금, 의료보험도 소득 증가에 따라 증가해서, 결국 세율이 102%까지 되었다. 어느 수준 이상으로 소득이 높아지면, 그 이후에는 10,000원을 더 벌면 10,200원을 세금으로 내야 했다.

또 부자들의 재산 자체에 부과하는 부유세도 있었다. 부자들의 순자산에 대해 세금을 부과했다. 스웨덴은 4%의 부유세를 부과했다. 일정 금액을 넘는 자산에 대해서 그 금액의 4%를 해마다 세금으로 내야 했다. 만약 기준보다 1억 원의 재산이 많다면 1년에 400만 원의 세금을 내는 식이다. 그런 방식으로 계산하면 5년에 총 2,000만 원 정도를 세금으로 내야 하니까 1억 원이 8천만 원 정도로 감소한다.

이렇게 높이 부유세를 매기면서 부자들의 재산은 더 이상 늘어나지 않게 되었다. 세금도 많이 걷었다. 그러면 스웨덴의 빈부격차는 감소되었을까? 감소되었다. 부자들의 재산이 줄어들면 한쪽 기준치가 작아지니까 빈부격차도 덩달아 줄어들기 마련이다. 그런데 빈부격차가 감소되어서 가난한 사람들의 생활이 나아졌을까? 빈부격차가 감소되어 가난한 사람들의 소득이 증가했다면 부유세는 성공적인 정책으로 인정받고 계속 확대되었을 것이다. 하지만 일이 그렇게 진행되지는 않았다.

부유세가 목적으로 한 것은 아래 그림처럼 부자들의 소득은 감소하고 가난한 사람들의 소득은 증가해서 빈부격차가 감소하는 것이다. 부유세가 생각하는 이상적인 상태다.

### 부유세 시행으로 인한 이상적 빈부격차 감소 형태

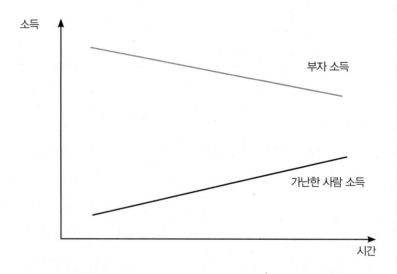

그런데 실제로 벌어진 일은 부자들의 소득이 감소한 만큼, 가난한 사람들의 소득도 감소했다는 사실이다. 아래 그래프와 같은 변화가 발생했다.

## 부유세 시행으로 인한 실질적 빈부격차 감소 형태

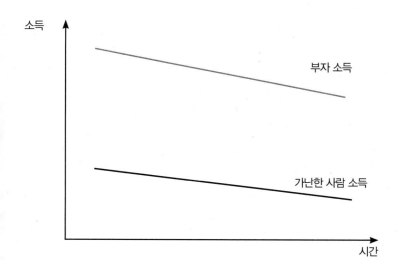

빈부격차는 줄어들었다. 하지만 빈부격차를 줄이는 정책의 본질적인 목적은 가난한 사람들이 보다 잘 살도록 하는 것이다. 가난한 사람을 돕고자 하는 정책을 폈을 때 가난한 사람들이 더 못살게 된다면, 그런 재분배 정책은 정당화될 수 없다.

스웨덴에서 이런 부작용이 발생하게 된 가장 큰 이유는 스웨덴 부자들이 나라를 떠났기 때문이다. 스웨덴이 배출한 유명한 영화감독인 잉마르 베리만은 스웨덴의 높은 세금을 피해 독일로 이민을 갔다. 이케아는 스웨덴에서 설립된 세계적인 가구 기업이다. 그런데 이케아를 설립한 잉그바르 캄프라드도 높은 세금을 피해 스위스로 이민을 떠났다.

프랑스도 부자들의 탈출 러시를 겪었다. 프랑스에서 2000년대 중반부터 2010년대 중반까지 부유세를 피해 다른 나라로 떠난 이들의 자산을 더하면 2000억 유로로 달한다. 같은 기간 동안 프랑스 정부는 부유세로 36억 유로를 거두어 들였다. 36억 유로를 벌었지만 2000억 유로를 잃었다.

이렇게 부자들이 떠나고 나면 국가는 더 이상 부자들에게서 세금을 거둘 수 없게 된다. 세금을 많이 걷어야 가난한 사람들에게 더 많은 지원을 할 수 있는데, 부자들이 자기 나라를 떠나니 세금을 걷을 곳이 없다. 결국 가난한 사람들에게 더 이상 지원을 할 수 없게 되고, 가난한 사람들의 소득은 줄어든다.

단순히 부자들에게서 세금을 걷지 못하게 되는 것만이 문제는 아니었다. 스웨덴을 대표하는 유명한 감독이었던 잉마르 베리만이 본거지를 독일로 이주하면서 스웨덴의 영화산업도 함께 쇠퇴하였다. 스웨덴에서 영화를 만드는 것이 위축되면서 영화계에서 일하던 사람들도 일자리를 잃었다.

독일도 부유세의 부작용을 크게 경험했다. 독일은 일정 금액 이상의 금융자산을 가진 부자들에게 세금을 매겼다. 독일의 부자들은 예금과 같은 금융자산을 가지고 있으면 세금을 더 내야 한다. 어떻게 대응했을까? 간단했다. 독일 부자들은 금융자산을 비금융자산으로 옮겼다. 그러면 세금을 내지 않을 수 있다. 비금융자산을 대표하는 게 바로 부동산이다. 그래서 독일 부자들은 은행 예금을 찾아 부동산을 대거 구입하기 시작했다. 결국 부동산 가격이 폭등하고, 서민들이 내야 하는 월세가 크게 늘었다.

유럽 국가들은 20세기에 들어와 다양한 방식으로 부유세를 도입하고 수십 년간 운영했다. 그런데 결국 부유세가 실질적으로 가난한 사람들에게 도움이 되지 않는다는 것을 깨달았다. 가난한 사람들에게 아무런 영향을 미치지 않고 부자들의 재산만 감소시킬 수 있다면 차라리 괜찮다. 그런데 그렇게 되지가 않았다. 부자들의 재산이 감소하기는 하는데, 가난한 사람들의 소득도 같이 감소했다. 가난한 사람들의 소득이 얼마나 떨어지는가에 따라 빈부격차 수준이 감소되기도 하고 오히려 증가되기도 했다. 어찌되었든 가난한 사람들의 소득에 부정적인 영향을 미치는 것만은 분명했다. 그래서 유럽 국가들은 부유세를 포기하기 시작한다.

1990년대 중반만 해도 부유세는 유럽 대부분의 국가가 채용하고 있었다. 그런데 2019년에는 스페인, 벨기에, 노르웨이, 스위스 4개국만 부유세를 운용하고 있다. 이 4개국이 부유세를 운용하고 있다고 해서 예전만큼 적극적인 것은 아니다. 스위스의 경우 부유세 세율은 0.1%에 불과하다. 명목상으로만 부유세가 있는 것이지, 실질적으로 부자들에게 세금을 부과하고자 하는 것은 아니다. 부자들에게 높은 세금을 거두어 가난한 사람들을 돕고자 하는 부유세는 오히려 가난한 사람들을 어렵게 한다. 수십 년간 유럽 국가들이 체험한 규제의 역설이다.

# 모두 함께 하다 망한 집단농장과 대약진 운동

자본주의의 가장 큰 문제점은 무엇일까? 빈부격차가 크게 발생한다는 점이다. 그런데 열심히 일하는 사람이 부자가 되고, 일을 하나도 하지 않는 사람이 가난하게 되어서 빈부격차가 생기는 것까지 문제 삼는 것은 아니다. 자본주의의 문제점은 일을 하나도 하지 않는데도 잘 사는 사람이 있다는 점이다. 또 매일매일 열심히 일하는데도 가난하게 사는 사람들이 많다는 것이다. 특히 땅을 많이 가지고 있는 사람들이 일을 하나도 하지 않으면서도 점점 더 부자가 되는 것이 문제다. 이런 사람들이 가난한 사람들을 고용해서 일을 시키고, 거기서 나오는 이익을 챙긴다. 그래서 자기는 일을 하나도 하지 않으면서도 점점 더 부자가 된다.

부자들이 일을 하지 않는다는 사실 자체도 문제다. 부자들도 열심히 일을 하면 더 많은 생산을 할 수 있다. 그런데 부자들은 자기들은 생산을 하지 않고 다른 사람들의 생산물을 소비만 한다. 사회에서 도움이 되지 않는 존재들이다. 이들이 일을 해서 생산을 하게 하면 사회는 더 풍족해질 것이다.

위와 같은 생각으로 빈부격차와 불로소득, 노동하지 않는 사람들의 문제를 해결하기 위해서 만든 제도가 바로 사회주의 집단농장이다. 집단농장은 지역의 모든 사람들이 모두 모여서 같이 생활하고 같이 일하는 제도다. 여기서 생산된 농산물은 모두가 같이 나누어 갖는다. 공동생활, 공동생산, 공동소비가 모토다. 집단농장은 그동안 어렵게 살던 농촌 주민들을 보다 잘 살게 하도록 설계된 제도였다.

집단농장에서는 지역에 속한 사람 모두가 일을 한다. 이전에는 지주들은 일을 하지 않았다. 게으른 사람들도 일을 하지 않았다. 상업에 종사하는 사람들도 농사일은 하지 않았다. 상업에 종사하는 사람은 자기는 생산을 하지 않고 물건을 사고팔고 하면서 이윤만 챙길 뿐이었다. 집단농장에서는 이런 사람들을 모두 농장으로 끌고 와 일을 하게 만들었다. 그동안은 지주나 상인들은 일을 하지 않았는데, 집단농장에서는 이런 사람들도 모두 일을 하니 더 많은 농산물이 생산될 것이다. 그리고 그동안은 농업 생산물의 대부분을 지주들이 가져가 버렸다. 그래서 빈부격차가 생기고 소작농들이 살기 어려웠다. 하지만 집단농장에서는 모두가 골고루 생산물을 나눠 가진다. 모두가 나눠 가지니 빈부격차도 없어질 것이다.

집단농장은 1920년대에 사회주의 종주국인 소련에서 처음 시작되었고, 이후 다른 사회주의 국가들에 전파되었다. 중국은 1960년대 대약진 운동을 하면서 이 집단농장 시스템을 전면적으로 받아들였다. 그리고 이 집단농장 시스템으로 인해 엄청난 수의 농민들이 굶어 죽었다. 정확히 몇 명이 굶어 죽었는지까지는 알 수 없지만, 최소 몇 천 만 단위의 사람들이 굶어 죽었다는 것은 확실하다고 추정된다.

처음 시행했던 소련에서도 집단농장은 실패로 끝났다. 생산성이 나아질 것을 목적으로 했는데 도무지 생산성이 나아지지를 않았다. 그동안 놀고먹은 지주들까지 농사일에 참여를 했으니 생산성이 높아져야 하는데 그렇지 못했다. 왜 그랬을까? 사람들은 집단농장에서 열심히 일을 하지 않았다. 혼자 농사를 지을 때는 열심히 일을 했던 사람들이 집단농장에 들어오고 나서는 대강대강 일할 뿐이었다. 일하는 사람은 많아졌지만, 전체적인 노동의 질과 양은 오히려 떨어졌다.

집단농장은 도입되었던 나라들마다에서 모두 실패로 끝났지만 중국만큼 그 해악이 큰 경우는 없었다. 중국은 정말 집단농장을 엄격히 도입하고 집행했다. 공동생활, 공동소유, 공동소비의 원칙에 충실하게 집단농장을 만들었다. 집단농장을 원칙에 더 충실하게 만들면서, 다른 나라들보다 더 큰 실패를 하게 되었다.

집단농장은 공동생활이다. 그런데 같이 사는 사람들 사이에서 가장 중요한 것은 무엇일까? 밥을 먹는 일이다. 중국은 모든 사람들이 한 자리에 와서 같이 밥을 먹도록 했다. 그동안 부자는 저 홀로 진수성찬을 먹고, 가난한 사람들은 거의 먹을 것이 없었다. 모두가 한자리에 와서 같이 밥을 먹으면 모두가 똑같은 것을 먹게 된다. 빈부격차를 없앨 수 있는 가장 좋은 방법이다.

그런데 이렇게 같이 밥을 먹기로 해도 꼭 자기 집에서 밥을 따로 해먹는 사람이 나오기 마련이다. 집단농장에 나오지 않고 그냥 집에서 밥을 먹는 사람, 집단농장에서는 먹는 시늉만 하고 집에서 먹는 사람, 집단농장에서 밥을 먹고 집에서 또 먹는 사람 등 다양한 경우들이 나온다. 다른 나라에서는 이런 정도는 봐주었지만 중국은 이런 예외를 인정할 수 없었다. 그래서 모든 개인 집의 취사시설을 부숴버렸다. 숟가락, 젓가락, 냄비, 국자 같은 취사도구도 모두 몰수했다. 사람들이 집에서 밥을 해먹으려 해도 불을 땔 아궁이도, 밥을 담을 그릇도 없었다. 이제 모든 사람들은 집단농장에서만 밥을 먹어야 하게 되었다.

모든 사람들이 모여서 모두가 같이 먹을 요리를 만들었다. 그동안은 자기 집에 있는 소, 돼지는 잡아먹지 않았다. 나중에 특별한 일이 있을 때 잡아먹거나, 아니면 팔 것이었기 때문이다. 그런데 이제는 소, 돼지, 닭이 공동소유다. 쌓여있는 쌀도 공동소유다. 사람들은 돼지나 닭을 잡아서 요리를 만들었다. 밥도 많이 지어서 배불리 먹었다. 그동안은 배불리 먹으려 해도 먹을 쌀이 없었다. 부잣집에 쌓여있던 쌀이 나오니 모두가 배불리 먹을 수 있었다. 집단농장이 만들어진 초기에는 매일매일이 잔칫집 같았다.

시간이 좀 지나니 소, 돼지, 닭을 모두 잡아먹었다. 주인이 있으면 시기별로 음식을 배분할 수 있었을 텐데, 공동소유다보니 그런 것을 생각하는 사람이 없었다. 눈앞에 있는 돼지는 일단 잡아먹고 보았다. 가지고 있는 쌀도 대부분 다 먹어버렸다. 그러고 나니 이제는 먹을 것이 없었다. 조금 남아있는 곡식을 가지고 죽만 만들어 나누어 먹었다.

공동으로 밥을 해먹는 것은 모두가 잘 먹는 길이 아니었다. 모두가 굶어 죽는 길이었다. 결국 중국은 집단농장의 공동 취사를 폐기한다. 각자 집에서 밥을 해먹는 것을 허락했다. 하지만 집에는 취사도구가 없다. 집에 있는 취사도구는 모두 몰수해 갔고, 부엌도 망가졌다. 소금이나 간장 같은 식재료도 하나도 없다. 취사도구도 식재료도 없으니 제대로 밥을 해먹을 수가 없었다.

밥을 같이 지어서 먹는 공동생활은 불가능했지만, 어쨌든 공동노동은 계속 되었다. 그동안 일은 하지 않고 먹기만 했던 지주와 상인들이 같이 일을 했으니 생산이 더 많아져야 정상이었다. 그런데 생산성은 높아지지 않고 오히려 대흉년이었다. 왜? 자기 몫으로 생기는 게 없으니 누구도 열심히 일을 하지 않았다. 공동노동은 모두가 열심히 일하는 것으로 이어지지 않고, 모두가 적당히 대충 일하는 것으로 귀결되었다.

집단농장에서 사람들이 일을 열심히 하지 않아 생산량이 줄었다는 것 말고도 대약진 시대에는 두 가지 더 중요한 사건이 있었다. 이

것들이 더해져 기록적인 대흉년과 수천 만 명의 아사로 이어졌다. 두 가지 사건이란 각 집단농장마다 수행했던 제철소 만들기, 그리고 참새 사냥이었다. 당시 집단농장은 이 두 가지를 반드시 지켜야 했다. 따르지 않으면 안 되는 상부의 명령 사항이었다.

농업 생산량을 늘리기 위해서는 농기구가 좋아야 했다. 그리고 농기구를 만들기 위해서는 철이 필요했다. 그래서 집단농장마다 소규모 제철소를 운영하게 했다. 농기구를 직접 생산해서 사용하면 농업 생산량이 더 증가할 수 있다. 그런데 제철소에서 무엇보다 중요한 것은 불을 꺼뜨리지 않는 것이다. 지금도 그렇지만 제철소 불이 꺼지면 다시 불을 피우는 데 엄청난 비용과 시간이 들어간다. 하루 24시간, 1년 365일 계속해서 돌아가도록 제철소 불을 꺼뜨리지 않으려면 계속해서 탈 것을 집어넣어야 한다. 사람들은 집단농장 제철소를 유지하는 데 엄청난 시간을 쏟아 부었다. 농번기에는 하루 종일 농사일에 매달려야 하는데, 상부의 지침이니 지금 당장은 제철소가 더 중요했다. 제철소를 유지하느라 농사 지을 시간이 없었고, 결국 농사를 망쳤다.

제철소에 대해 잘 아는 몇 명만 제철소 일을 맡아서 처리하고, 나머지는 열심히 농사만 지으면 되지 않았을까? 집단농장에서 누구는 힘들게 농사일을 하는데 누구는 편하게 제철소 관리만 하면 문제가 된다. 모두가 다 같이 농사일을 하고 모두가 다 같이 제철소 일을 해야 하는 것이다. 농사 지을 시간이 부족해질 수밖에 없었다.

증산을 위해 시행한 참새 사냥도 문제였다. 보잘 것 없는 참새들이지만 이 참새들이 먹는 낟알을 모으면 엄청난 양이 된다. 당시 중국 정부는 참새를 잡아서 참새가 먹는 곡식을 줄이면 좋을 거라고 판단했다. 그러면 전체적인 생산량이 증가할 것이다. 집단농장 주민들은 농사 지을 시간을 할애해서 엄청난 수의 참새를 잡았다. 그런데 참새가 없어지니 농사에 해를 끼치는 벌레들이 급증했다. 이 해충들 때문에 또 농사를 망쳤다.

집단농장은 농업 생산성을 올리기 위해 도입한 거대한 실험이었지만, 오히려 농업 생산성을 낮추고 수많은 피해자를 낳은 것으로 끝났다. 중국 대약진 운동에서의 집단농장, 제철소 운영과 참새 사냥은 세계에서 가장 이상한 규제의 역설 사례로 기억될 것이다.

# 게으름을 퍼뜨린 동일 노동 동일 임금

1848년, 프랑스에서 2월 혁명이 일어났다. 프랑스는 1789년의 대혁명으로 왕정을 몰아냈지만, 1830년 7월 혁명으로 다시 왕정이 복귀해 있었다. 1848년 2월 혁명은 다시 한 번 왕을 쫓아낸 혁명이다. 1789년 대혁명으로 왕을 쫓아내고 만든 공화국을 1공화국이라 하고, 1848년 2월 혁명으로 다시 왕을 쫓아내고 세운 공화국을 2공화국이라고 한다.

1830년에 만들어진 왕정은 입헌 군주정이었다. 왕이 있기는 했지만, 대혁명 이전의 왕 같지는 않았다. 예전처럼 국왕 마음대로 정치를 할 수 없고, 법에 따라 국가를 다스려야 했다. 하지만 그 법 자체가 문제였다. 국민을 위한 법이 아니라 소수 지주층을 위한 법이었다. 이런 법에 의해 국가가 운영되니 일반 국민들의 불만이 쌓일 수밖에 없었다.

2월 혁명으로 다시 왕이 쫓겨났다. 이제 일반 국민들을 위한 법을 만들어야 했다. 이때는 근대 공업이 본격적으로 발전하기 시작했을 때였다. 공장이 들어서면서 노동자들도 늘어났지만, 이들의 생활은 극도로 비참했다. 그래서 노동자들의 근로 조건과 소득을 증대시키기 위한 정책을 만들게 된다. 그 대표적인 것이 같은 일을 하는 노동자에게는 같은 임금을 지불하도록 하는 것이었다.

자본주의 초기, 노동자들의 불만 중 하나는 임금의 차별이었다. 누구는 많은 임금을 받고 누구는 적은 임금을 받는지가 계속 문제가 됐다. 또 자신의 임금이 계속 안정적으로 유지되지 않고 오르락내리락 하는 것도 문제였다. 임금이 오르기만 하면 좋을 테지만, 내려가는 경우도 많았다. 실적이나 성과가 좋지 않으면 바로 임금이 낮아진다. 일정한 금액이 계속 보장되어야 생활을 할 수 있는 노동자들에게는 이렇게 임금이 낮아지는 것은 골치 아픈 일이었다.

그래서 2월 혁명으로 들어선 정권은 같은 일을 하는 사람들은 누구나 같은 임금을 받도록 하는 정책을 기획했다. 이 정책이 우선적으로 적용된 업종 중 하나가 재봉사들이었다. 정부는 군인들이 쓸 옷을 만들려고 했고, 이를 위해서 재봉사 1500명을 고용했다. 그리고 옷을 만드는 데 필요한 공임이 어느 정도인지를 조사하고 그 금액을 재봉사의 임금으로 정했다.

보통 옷을 만들어서 파는 옷장사들이 옷 공장에 공임을 지불할 때는 재봉사의 임금만이 아니라 공장장이나 사장의 임금 등도 포함

해서 주기 마련이다. 그래서 재봉사들의 임금은 옷장사들이 지불하는 공임에 비해 액수가 좀 적었다. 공장장이나 사장 등 자기들은 직접 일을 하지 않으면서 중간에서 재봉사들에게 갈 돈을 갈취한 것이다. 이제는 정부가 나서서 옷을 만들도록 하는 것이니만큼 중간에서 갈취하는 사람들이 없어진다. 갈취하는 사람들의 돈이 직접 재봉사들에게 가는 것이니까 재봉사들의 소득도 더 나아질 것이다. 또 이제는 재봉사 1500명 모두가 같은 임금을 받을 것이다. 사장의 판단이나 친숙도에 따라 누가 더 받고 덜 받고 하는 일은 일어나지 않을 것이다. 성과가 좀 낫다고 월급을 더 받지도 않고, 성과가 낮다고 월급을 덜 받지도 않는다. 모두가 평등하게 소득을 올리고, 월급이 적어질 가능성도 없다. 노동자들에게 이상적인 시스템이 마련되었다.

그런데 옷을 만들어 납품을 하고 나서 문제가 생겼다. 군대에서는 군인들의 옷을 주문하고서는 옷 한 벌 당 얼마 식으로 돈을 지불했다. 그렇게 얻은 수익을 모든 노동자들이 나누어 가지기로 했다. 그런데 군인들의 옷을 만들어 얻은 수익 자체가 노동자들에게 제대로 임금을 지불할 수준이 되지 못했다. 정해진 월급을 주려면 그 월급을 줄 만큼의 수익이 있어야 하는데 그 수익이 나오지 않았다. 할 수 없이 그 수익금이라도 노동자들끼리 똑같이 나누어 가져야 하는데, 그러다 보니 오히려 이전보다 월급이 반 이상 줄었다. 원래 돈을 많이 받던 고급 기술자들의 수익만 준 것이 아니라, 돈을 적게 받던 하급 기술자들의 수익도 반 이상 줄어들었다. 고급 기술자들은 훨씬 더 수익이 감소했다.

이유는 간단했다. 노동자들이 일을 열심히 하지 않았기 때문이다. 일을 열심히 하나 열심히 하지 않으나 똑같이 임금을 받는다고 하니, 노동자들은 열심히 일을 하지 않는 쪽을 택했다. 고급 기술자나 하급 기술자나 똑같이 월급을 준다고 하자 고급 기술자들부터 더 일을 하지 않게 되었다.

물론 1500명 모두가 다 일을 하지 않고 농땡이를 친 것은 아니었다. 세상에는 양심적인 사람들도 많고, 돈을 많이 주거나 적게 주거나 자기 할 일을 열심히 하는 사람들도 많다. 고급 기술자들이나 고성과자들은 이 임금 체계 하에서 수익이 줄어든다. 하지만 그래도 이전과 똑같이 열심히 일을 한 사람들도 있었다. 1500명가량의 노동자 중에서 500명 정도는 열심히 일을 했다. 하지만 나머지 2/3 정도 되는 사람들은 제대로 일을 하지 않았다. 일을 열심히 하나 그렇지 않으나 똑같이 월급을 준다고 하니 제대로 옷을 만들지 않았다.

1500명이 이전보다 훨씬 더 열심히 일할 필요는 없었다. 그냥 지금까지 한 대로만 일을 하면 평균적으로 더 높은 임금을 가져갈 수 있었다. 500명 정도는 이전과 똑같이 일을 했지만, 나머지 1000명 정도 되는 사람들이 일을 제대로 하지 않았다. 이것만 가지고는 생산량을 맞출 수 없었다. 생산량 자체가 이전보다 크게 줄어들었다.

생산량이 적으니, 군대에서는 원래 주기로 한 돈을 줄 수가 없었다. 생산량을 맞춰서 원래 주기로 한 돈을 준다고 해도, 그 기간이 훨씬 길어졌다. 한 달 평균 수입 자체는 크게 감소했다. 그러다 보니 노동자들이 원래 받았던 임금보다 더 적은 임금을 지불할 수밖에 없었다.

같은 일을 하는 사람들에게 같은 임금을 주려고 하는 정책은 분명 노동자들이 높은 소득을 안정적으로 받도록 만들어진 정책이었다. 그런데 정말로 같은 일을 하는 재봉사 모두에게 같은 임금을 지불하자, 오히려 재봉사들이 받는 소득이 감소하는 일이 일어났다. 계속 열심히 한 사람도 감소했고, 일을 안 한 사람도 감소했다.

같은 일을 하는 사람은 누구나 같은 임금을 받도록 하는 것은 노동자들의 소득을 올리는 방법이 아니었다. 오히려 모든 노동자들의 소득을 떨어뜨리는 방법이었다.

# 주택 산업의 싹을 자른 루마니아의 주택 정책

한국은 아직도 자기 집을 가지지 못한 사람들이 꽤 많은 편이다. 그런데 돈이 많은 사람들은 투기용으로 아파트를 두 채, 세 채씩 산다. 이렇게 부자들이 자기가 살 집 외에 집을 몇 채씩 더 사다 보니 아파트 가격이 높아지고, 집이 없는 사람들은 자기 집을 사기가 점점 더 힘들어진다. 투기에 따라 거품이 붙은 한국의 아파트 값은 항상 사회적 문제가 되어 왔다. 그래서 정부의 주택 정책은 투기꾼들이 아파트를 몇 채씩 사지 못하게 하는 데 초점이 맞춰진다. 여러 채의 집을 가지고 있는 사람들에게 높은 세금을 매겨서 자기가 살고 있는 집 외에는 팔도록 유도한다. 모든 사람들이 자기 집을 가지고 있는 상태, 그것이 주택 정책의 목적이다.

그런데 정말로 모든 사람들이 자기 집을 가지고 있으면 어떻게 될까? 세계 대부분의 나라에서 국민 모두가 자기 집을 가지고 있는 경우는 드물다. 자기 집을 가진다는 것은 세계 어디에서나 중산층이라는 신호다. 미국에서 자가 집 보유율은 64%다. 일본은 62%, 영국은 64%다. 한국은 57%다. 어느 나라에서나 자기 집을 가지지 못한 사람들이 국민의 몇 십 퍼센트에 이른다. 그런데 국민의 96%가 자기 집에서 살고 있는 나라가 있다. 루마니아다. 모든 국민들이 자기 집에서 살고 있으니 루마니아 국민들은 주택과 관련하여 아무런 고민이 없을까?

루마니아는 공산주의 국가였다. 1990년대 공산주의가 무너져 내리기 전, 루마니아 정부는 전 국민들이 자기 집을 가지고 자기 집에서 살게 하는 정책을 시행한다. 공산주의에서는 모든 주택을 정부가 소유하고, 필요한 때마다 국민들에게 주택을 배정한다. 그런데 이때 루마니아 정부는 국민들에게 싼 가격에 주택을 판매했다. 국민들은 저렴한 가격에 집을 구할 수 있었고, 결국 전 국민의 96%가 자기 집을 소유하게 되었다. 모든 국민들이 자기 집 걱정을 하지 않고 살아갈 수 있게 된 것이다.

국민 모두가 자기 집을 가지게 되면 어떤 일이 벌어질까? 우선 건축업자들이 더 이상 주택을 짓지 않게 된다. 건축업자들은 주택을 지어서 파는 사람들이다. 그런데 누가 그 주택을 살까? 국민 모두가 자기 집을 가지고 있는 곳에서는 새로 지은 집을 살 사람이 없다. 물론 이미 자기 집을 갖고 있는 사람이 좀 더 새집에서 살고 싶어 할 수는 있다. 그런데 자기 집을 가지고 있는 사람이 새로 지은 집을 사기 위해서는, 자기가 지금 살고 있는 집을 팔아야 한다. 하지만 지금 살고 있는 집이 팔리지를 않는다. 모든 사람들이 자기 집을 가지고 있으니, 집을 내놓아도 팔리지 않는다. 자기가 살고 있는 집이 팔려야 새 집으로 이사를 갈 수 있는데, 자기가 살고 있는 집을 팔릴 수가 없다. 그렇게 되면서 건축업자는 결국 새집을 지어도 팔릴 가능성이 거의 없는 지경에 이른다. 이제 건축업자들은 집을 짓지 않게 된다. 모든 나라에서 경제 성장의 주요한 부분을 차지하는 것이 토목과 건설이다. 토목과 건설은 경제 성장에 많은 기여를 하고, 특히 사람들의 고용에도 많은 영향을 미친다. 루마니아는 산업으로서의 주택 건설이 미미하고, 그에 수반한 경제 발전도 제대로 일어나지 않는다.

그런데 경제 성장이 이루어지지 않는 것보다 더 중요한 문제가 발생한다. A가 다른 도시에 가서 직장을 얻으려 한다고 가정해보자. 다른 도시에서 원하는 직장을 구할 수는 있는데, 단순히 직장만 구해서는 안 된다. 그 도시에서 자기가 살 곳을 마련해야 한다. 그런데 살 수 있는 집이 없다. 모든 사람들이 집을 가지고 있고, 모든 집은 이미 살고 있는 사람이 있다. 빈집이 있어야 자기가 들어갈 수 있는데, 빈집이 없다. 이런 경우 다른 나라에서는 렌트를 한다. 한국에서라면 전세나 월세로 들어갈 것이다. 그런데 전세나 월세 등은 집주인이 자기가 살고 있는 집 이외에 다른 집을 가지고 있을 때 가능한 것이다. 달랑 자기가 살고 있는 집 한 채만 있다면 전세도 월세도 불가능하다.

돈이 많은 사람이 집을 여러 채 사서 전세나 월세를 주면 되지 않을까? 그런데 전세나 월세를 살고자 하는 사람들은 집이 없는 사람들이다. 집이 없는 사람들이 많아야 전세나 월세를 살고자 하는 사람도 많고, 그러면 돈 많은 사람들이 몇 채씩 집을 지어서 전세나 월세를 주고 소득을 올릴 수 있다. 하지만 루마니아에는 이미 모든 사람들이 집을 가지고 있다. 전세나 월세를 살 사람이 없다. 자기가 살고 있는 집 외에 집을 더 지어 전세나 월세를 주겠다는 것은 바보 같은 생각이다.

결국 다른 도시로 이동하려는 사람들은 그 도시에서 주거할 수 있는 집을 찾는 것이 거의 불가능하다는 것을 깨닫는다. 다른 도시로 가서 새로운 삶을 살려는 기대는 접어야 한다. 그냥 기존에 자기가 살던 도시에서, 자기 집에서 살아야 한다. 학생들의 경우 진학을 하면서 다른 도시로 갈 수 있다. 이때는 기숙사 생활을 한다. 학교를 졸업하고 기숙사에서 나오면 원래 자기 집으로 돌아와야 한다. 기숙사를 제외하고는 외지에서 살 수 있는 집이 없다.

더 큰 문제는 아이들이 커서 독립을 하고자 할 때 발생했다. 아이일 때는 부모 집에서 살아가지만, 성인이 되면 독립을 해야 한다. 최소한 결혼을 하면 새로 집을 구해 나가야 한다. 그런데 구할 수 있는 집이 없다. 이때 자기가 살 집을 마련하기 위해서는 건축업자에게 의뢰해서 새집을 하나 짓도록 해야 한다. 하지만 이제 막 결혼하는 젊은이들에게 집 한 채를 지을 돈이 있을 리가 없다. 세계 어느 나라나 젊은 사람들은 전세나 월세부터 시작한다. 결혼을 하면서 자기 집을 가지고 시작하는 것은 부모가 아주 부자인 경우나 가능하다.

　새집을 지을 수도 없고, 그렇다고 전세나 월세로 들어갈 집도 없는 루마니아 젊은이들이 할 수 있는 방법은 결국 하나뿐이다. 자기 부모 집에 계속 사는 것이다. 그래서 루마니아는 점점 대가족이 되어간다. 세계적으로 혼자 사는 1인 가정이 늘어나지만, 루마니아는 예외다. 루마니아는 결혼을 해도 독립을 하지 않는다. 그리고 결혼을 해서 아이가 태어나도 독립을 하지 않는다. 아무리 독립을 하고 싶어도 사실상 불가능하다. 그냥 모든 식구들이 계속해서 그동안 살고 있던 집에서 살아야 한다.

　이게 다가 아니다. 루마니아의 거의 대부분의 집들이 노후화라는 문제를 겪고 있다. 새 집이 지어지지 않는 상태에서 20년이 넘게 지났다. 모든 집들이 20년 넘게 제대로 수리도 하지 못한 상태로 노후화되어 간다. 자기가 살고 있는 집을 수리하면 되지 않을까? 그런데 사람들이 집을 수리하는 것은 보통 언제일까? 잘 살고 있는 집을 이제 낡았으니 수리하자라고 하는 경우는 거의 없다. 보통 이사를 갈 때 수리를 한다. 월세나 전세를 주는 집주인은, 새로 세입자를 받기 위해서 집을 수리하고 정비를 한다. 집을 새로 사서 들어가는 사람은 앞으로 자기가 살 집을 수리하고 정비한 다음 들어간다. 어떤 경우든 이사를 할 때 수리가 이루어진다. 그런데 루마니아에서는 모든 사람들이 자기 집에서 살다 보니 이사를 하지 않는다. 수도관이 터졌다거나 할 때처럼 큰일이 일어나야 수리를 한다. 그렇게 몇 십 년이 지났다. 이제 루마니아 집들은 모두 노후화된, 문제 있는 집들이 되어 버렸다.

다른 많은 나라에서는 사람들이 자기 집을 가지지 못해서 아우성이다. 루마니아는 거의 전 국민들이 자기 집을 가지고 있다. 모든 사람들이 자기 집을 가지게 하겠다는 루마니아의 주택 정책은 성공했다. 그러면 루마니아 국민들은 모두가 자기 집을 가지고 있는 지금 현실에 만족할까? 나이든 사람들, 직접 자기가 집을 구해서 샀던 현재 노년층 사람들은 만족할지도 모른다. 하지만 그 후의 세대들은 그렇지 않다. 루마니아의 젊은이와 장년층은 모든 사람들이 자기 집을 가지고 있는 것은 저주라고 표현한다. 대부분 루마니아 젊은이들은 자기가 태어난 집에서 죽을 때까지 살 수밖에 없다. 명목상으로는 이동의 자유, 거주의 자유가 있지만 실제로는 없다. 모든 사람들이 자기 집을 가진 사회는 변화가 이루어질 수 없는 정체된 사회다.

# 먼저 찜하면 되는 카다피의 주택 정책

1969년, 왕정 국가였던 리비아에서 쿠데타가 일어났다. 쿠데타를 일으킨 카다피는 왕정을 폐지하고 스스로 국가원수에 올랐다. 카다피가 국민들에게 약속한 것은 모든 국민들이 잘사는 사회주의 국가를 만들겠다는 것이었다. 카다피는 자본주의의 문제점들을 근본적으로 없애는 사회주의 혁명을 리비아에 도입했다.

앞에서 이야기했듯 자본주의의 큰 문제점 중 하나는 빈부의 격차가 심하다는 점이다. 부자는 점점 부자가 되고 가난한 사람들은 점점 가난하게 된다. 그리고 이런 빈부의 격차가 가장 심하게 나타나는 곳이 주거 영역, 바로 집이다. 자본주의 사회에서 부자들은 굉장히 좋은 집에 산다. 집의 규모도 크고 또 그 안을 사치스러운 가구들로 장식한다. 부자들이 집을 한 채만 갖고 있는 경우도 거의 없다. 여러 채의 집을 소유하고, 이 집들을 다른 사람들에게 임대하든 별장으로 쓰든, 어쨌든 한 채 이상의 부동산을 갖고 있다.

그에 비해 자본주의 사회에서 가난한 사람들은 항상 집 문제로 고민을 한다. 집은 아주 비싼 상품이고, 임대로 사는 것도 만만한 일이 아니다. 한 달 동안 일해 번 돈의 상당 부분을 집 임대료로 내야 한다. 가난한 사람들은 열심히 일을 해서 임대료를 내고, 부자들은 일을 하지 않고 임대료만으로도 부유한 생활을 할 수 있다. 자본주의 사회에서 빈부격차를 가장 잘 나타내는 것이 바로 이런 주거의 차이다.

카다피는 가난한 사람들의 주거 문제를 해결하기 위해서 독특한 주택 정책을 도입했다. 우선 모든 주택을 국유화했다. 사회주의를 도입해서 사유재산제를 없애고, 집도 개인적으로 소유할 수 없게 했다. 모든 주택은 국가의 소유였다.

주택 국유화는 모든 사회주의 국가에서 도입한 정책이다. 그래서 주택의 국유화 자체는 별다른 게 아니다. 카다피의 주택 정책에서 재미있는 것은 이 주택들을 어떻게 국민들에게 나누어주느냐다. 보통 주택을 국유화한 사회주의 국가들에서는 국가가 주택을 각 개인, 가정에 배정을 했다. '너는 이 집에 살아라, 너는 저 집에 살아라'라는 식으로 국민들에게 나누어주었다. 그런데 이런 방식은 실제로 빈부의 격차, 주거지의 격차를 없앤 평등한 조치는 아니다. 사회주의 국가들이 집을 나누어줄 때는 높은 지위를 가진 사람들에게는 좋은 집을 배정하고, 낮은 지위를 가진 사람들에게는 나쁜 집을 배정했다. 현재 지위와 출신 성분 등에 따라 다른 주거동네와 집을 배정받는다. 그래서 사회주의의 주거지는 오히려 자본주의 주거지보다 더 차별이 심하다. 서울 강남이 부자동네라고 해도 그 내부를 들여다보면 원래 대대로 부자였던 사람, 자수성가한 사람, 돈이 없지만 억지로 강남에 들어와서 사는 사람, 월세로 들어와 사는 사람 등등 여러 가지 스펙트럼이 있다. 지방의 한적한 시골이라 하더라도 돈 많고 지위 높은 사람이 조용하게 지내기 위해 살고 있는 경우도 있다. 그러나 사회주의 국가에서는 그렇지 않다. 정부가 그 사람의 사회적 지위, 국가에서의 위치에 따라 집을 배분하다보니, 같은 출신 성분의 사람들이 같은 동네에 모여 살게 된다. 사회주의 국가에서는 어떤 동네에 사느냐가 그 사람의 출신 성분과 현재의 위치를 말해준다. 북한의 경우 평양에서 산다고 하면 그 자체로 특권층에 해당하는 것과 마찬가지다. 조금이라도 문제가 있는 사람은 평양에서 살 수가 없다.

카다피는 이런 사회주의의 주택 배분 정책을 따르지 않았다. 정말로 모든 사람들이 평등하게 주거지를 찾을 수 있는 방법을 고안했다. 주거지를 정말로 평등하게 국민들에게 배분하는 방법, 그것은 각자가 선착순으로 스스로 자기가 살 집을 선택할 수 있도록 하는 것이었다.

리비아 국민들은 길거리에 있는 어떤 집이든 마음대로 들어가서 살펴볼 수 있었다. 그 집이 빈집이면 그 집을 자기 집으로 삼고 살 수 있었다. 말하자면 선착순으로 자기가 살 집을 고를 수 있게 한 것이다. 빈집에 들어가서 자기 집이라고 선포하면 자기 집이 된다. 미국

서부시대 때 먼저 땅을 잡으면 임자인 것과 같은 방식이다.

그런데 이렇게 하면 먼저 좋은 집을 차지한 사람은 평생 동안 좋은 집에서 살고, 나쁜 집에 살기 시작한 사람은 평생 동안 나쁜 집에서만 살아야 한다. 이런 식으로는 실질적으로 빈부격차가 그대로 남는다. 그래서 카다피는 지금 나쁜 집에 살고 있는 사람이라 하더라도 언제든지 좋은 집에서 살 수 있는 기회를 가질 수 있게 했다. 어떤 집이든 지금 현재 집에 사람이 없다면, 그 집을 자기 집으로 할 수 있다. 길을 가다가 좋은 집이 있다. 그 집에 들어가보니 사람이 없다. 누군가 살고 있는 집이기는 하지만, 어디엔가 나가서 지금은 아무도 없다. 그러면 그 집을 자기 집으로 할 수 있다. 가구들을 모두 다 집 밖으로 들어내고 자기 집이라고 선포하면 된다.

살고 있는 사람이 집을 비우면 다른 사람이 들어와서 자기 집이라고 주장할 수 있는 정책이라니 과감하다. 보통의 경우라면 자기가 나가있는 동안 다른 사람들이 들어오는 것을 막기 위해 자물쇠를 채울 것이다. 자물쇠를 채우면 외부인이 집에 들어갈 수 없고, 그러면 계속 현재 집주인이 그 집을 소유할 수 있게 된다. 그래서 취해진 조치가 자물쇠 금지였다. 집을 잠가둘 수 없고, 누구든 문을 열고 들어올 수 있도록 해야 했다. 정말로 누구나 평등하게 집을 구할 수 있고, 누구나 평등하게 좋은 집에 살 수 있는 기회가 주어지는 것이다.

그러면 이런 카다피의 주택 정책에 의해 모든 사람들이 좋은 집에 살 수 있게 되었을까? 빈부의 격차 없이 모든 사람들이 평등하게 집을 구할 수 있게 되었을까? 그럴 수는 없었다. 우선 가장 큰 불편은, 사람들이 절대로 자기 집을 비울 수 없게 되었다는 점이다. 어떤 상황에서라도 누군가는 반드시 집에 남아있어야 한다. 만약 식구 모두가 집을 나가 있으면 순식간에 다른 사람에 의해 집을 잃을 수 있다. 언제 어떻게 지금 살고 있는 집이 다른 사람에게 넘어갈지 몰라 불안감을 가지며 살 수밖에 없다.

또 이렇게 자기 집이 언제 다른 사람들에게 넘어갈지 모르니, 집을 수리하지도 않고 관리하지도 않는다. 가구도 제대로 만들 필요가 없다. 집을 수리하고 잘 관리해 보았자 집을 빼앗기면 다른 사람 좋은 일만 시킬 뿐이다. 집을 빼앗기면 가구를 모두 버려야 할지도 모르니까 좋은 가구도 필요 없었다. 리비아의 집들은 그냥 비와 밤이슬을 막아주는 공간으로서의 기능만 했다. 제대로 공들인 좋은 집은 만들어질 수 없었다.

그리고 이런 정책으로 주거에서의 빈부격차가 감소하지도 않았다. 누가 집을 다른 사람에게 빼앗길 걱정 없이 좋은 집에서 계속 살수 있을까? 자기 집에 가정부나 집사, 하인을 둘 수 있는 경우다. 이렇게 자기 집에서 일하는 사람을 둘 수 있는 사람들은 자기 집을 비울 염려가 없고 계속해서 그 집에서 살 수 있다. 하지만 가난한 사람들, 집 식구 모두가 나가서 일을 해야 하는 가정은 좋은 집을 구할 수도 없고, 구해봤자 계속 유지할 수도 없다. 이런 가정은 사람들이 원하지 않는, 좋지 않은 집만 구해서 살 수 있었다. 결국 부자는 계속 좋은 집에 살고 가난한 사람은 계속 나쁜 집에서만 살게 된다. 그리고 더 좋은 집에서 살 수 있을 거라는 희망도 없다. 내가 돈을 더 번다고 해서 좋은 집에 들어갈 기회가 생기지는 않는다. 남은 방법은 혹시나 좋은 집 중에 지금 사람이 나가 비어있는 집이 있지 않을까 하면서 모든 집 문을 열어보고 다니는 것뿐이다.

카다피의 주택정책은 결국 실패했다. 주거지의 빈부격차는 줄이지 못했고, 사람들이 자기 집을 관리하고 수리하지 않으면서 주거 환경만 더 나빠졌다. 그리고 언제 자기 집이 사라질지 모른다는 불안감을 가지고 살아가야 했다. 의도는 좋았지만, 단지 의도만 좋았을 뿐이다.

# 4장　　시장 보호라는 오래된 미신

국제 경제와 관련하여 두 가지 성장 모델이 있다. 하나는 수입대체형 경제 모델이고, 다른 하나는 수출주도형 경제 모델이다. 수입대체형 경제 모델은 자국의 시장을 보호하려는 정책이다. 다른 강대국, 글로벌 대기업의 침략으로부터 자국의 시장과 경제를 보호한다. 이렇게 시장을 보호하면, 자국 기업들의 경쟁력이 높아지고, 국가도 더 부강해질 것이다.

이에 대해 수출주도형 경제는 자국 기업들이 외국에 진출하도록 꾀한다. 그런데 자국 기업이 외국에 나가면서, 외국 기업들에 대해서만 문을 잠글 수는 없다. 자국 기업이 외국에 나가는 대신, 외국 기업들도 자국 안에서 활동할 수 있게 해야 한다.

수입대체형과 수출주도형 중에서 어느 것이 더 나은 정책일까? 수출주도형은 약한 자국 기업이 선진국의 다국적 기업들과 경쟁해야 하니 쉬울 리가 없다. 당연히 글로벌 대기업과 경쟁을 피하고 자기 기업을 보호하는 수입대체형이 더 낫지 않을까? 그래서 대부분의 국가들이 수입대체형 모델을 택했다. 그런데 이상하게도 발전한 국가들을 살펴보면 수출주도형을 택한 국가들이었다. 시장을 보호하는 수입대체형 모델을 택한 나라 중에는 제대로 성장한 나라가 없다. 시장을 보호하면 국가가 더 좋아지는 것이 아니라 변화도 없고 성장도 없이 그냥 제자리에 있을 뿐이었다. 여기서 시장을 보호하면 나아지지 않고, 시장을 보호하지 않으면 더 나아지는 규제의 역설이 발생한다. 정말 이해하기 힘들고 받아들이기 어려운데, 현실은 그런 식으로 움직인다. 시장 보호가 부정적인 결과를 일으킨 대표적인 사례들을 살펴보자.

# 한국 모바일 발목을 잡은 모바일 플랫폼 위피

2005년 4월, 한국 휴대폰에서 위피 플랫폼 사용이 의무화되었다. 위피는 당시 휴대폰에 사용되었던 모바일 플랫폼이다. 컴퓨터 프로그램에는 모두 플랫폼이 있다. 다른 말로 운영체제다. 일반 개인용 컴퓨터의 운영체제는 대부분 윈도우 플랫폼을 사용하고 있다. 워드 프로그램을 쓰든, 엑셀 프로그램을 쓰든, 파워포인트를 쓰든 모든 응용 프로그램들은 모두 윈도우 시스템에서 사용된다. PC의 운영체제로는 애플의 맥도 있다. 운영체제가 바뀌면 그 위에서 움직이는 응용 프로그램들도 모두 바뀌어야 한다. 플랫폼, 운영체제는 그 컴퓨터의 기반이다.

2000년대 초, 전 세계적으로 모바일 기기 시장이 성장해가고 있었다. 이동전화에 컴퓨터 기능이 점점 추가되고 있을 때였다. 컴퓨터 기능이 도입되면서 운영 프로그램도 들어가야 하는데, 핸드폰 회사마다 사용하는 운영 프로그램이 모두 다 달랐다. 전 세계적으로 각 핸드폰 회사마다 독자적으로 운영체제를 개발해서, 자기 회사 제품에는 자기 회사가 만든 운영체제를 사용했다. 한국의 경우에도 삼성 핸드폰, LG 핸드폰에 사용하는 운영체제가 달랐다.

이런 정보통신 환경에서 한국 정부는 자체적으로 위피 운영 프로그램을 개발했다. 정보통신 분야의 국책 연구원인 정보통신정책연구원KISDI, 한국전산원 등에서 총력을 기울여 개발한 프로그램이다. KISDI는 이동통신의 플랫폼인 CDMA를 개발해서 한국 이동통신의 수준을 크게 높였던 경험이 있었다. 한국전산원은 당시 세계 최고의 보안 시스템이라 할 수 있는 공인인증제도를 개발했었다. 이런 국내 유수한 연구 집단들이 모여 모바일 인터넷 운영체제를 개발했다. 그리고 모바일 기기에 이 위피를 사용하도록 했다.

위피 사용을 의무화한 것은 한국의 모바일 플랫폼 수준을 높이고 세계 시장을 선점하기 위해서였다. 플랫폼이 만들어지면 그 바탕 위에서 여러 응용 프로그램이 만들어진다. 그런데 삼성에서 사용하는 플랫폼과 LG에서 사용하는 플랫폼이 다르면, 응용 프로그램 회사는 각자의 플랫폼에 맞춰 각각 응용 프로그램을 만들어야 한다. 게임 회사라면 삼성 플랫폼에서 굴러가는 게임, LG 플랫폼에서 굴러가는 게임을 따로 개발해야 한다. 낭비가 아닐 수 없다. 이때 플랫폼이 위피로 통일된다면 개발자는 위피에서 운용되는 응용 프로그램 하나만 개발하면 된다. 개발자의 비용이 덜 들기 때문에 콘텐츠 산업 발전에 훨씬 유리하다.

또 당시는 아직 세계적으로 압도적인 모바일 플랫폼이 정해지지 않은 상태였다. 한국에서 위피가 표준화되면 5000만 명이 위피를 사용하는 것이다. 이 사용자 수를 기반으로, 세계 시장에서 위피 사용을 늘려나갈 수 있다. 세계적으로 위피 사용자 수를 늘려서 위피가 모바일 플랫폼에서 표준으로 인정받게 된다면 한국의 이익은 엄청나다. PC 시장에서 마이크로소프트 사는 초기 운영 체제 시장을 선점해서 그 후 계속해서 안정적인 수익을 얻는 세계적인 기업이 되었다. 한국의 위피가 세계 모바일 플랫폼을 선점한다면 모바일 시장에서 마이크로소프트의 윈도우가 되는 것이다.

한국은 위피 기반의 국내 콘텐츠 산업 활성화, 위피의 세계화를 목적으로 2005년 위피 탑재를 의무화했다. 이제는 국내에서 사용되는 핸드폰에는 위피만 사용해야 했다. 그러면 이 위피 의무화 규제 이후 국내 콘텐츠 산업이 활성화되고 위피가 세계에 진출할 수 있게 되었을까? 그렇게 되지 않았다. 오히려 한국의 무선 인터넷 환경이 세계 시장의 추세를 따라가지 못하고 뒤처지게 만든 일등 공신이 되었다.

위피의 가장 큰 문제는 우선 품질이 좋지 않았다. 처음부터 품질에 문제가 있었던 것은 아니다. 위피가 처음 개발되고 의무화될 때는 한국의 다른 모바일 플랫폼들보다는 분명 더 나은 기술이었다. 위피가 더 나은 플랫폼이었기에 위피만 쓰라고 규제할 수 있었다. 그런데 지금도 그렇지만, 그 당시도 인터넷 기술은 하루가 멀다 하고 계속 기술 향상이 일어난다. 처음에는 분명 위피가 국제 경쟁력이 있는 기술이었지만, 조금 시간이 지나자 위피는 세계 시장에 내놓기가 어려운 플랫폼 기술이 되어 버렸다.

세계 각국의 핸드폰 회사들은 계속해서 자기 모바일 플랫폼을 개선하고 품질을 높였다. 다른 기업, 다른 나라와의 경쟁에서 뒤처지지 않고 앞서 나가기 위해 계속해서 모바일 플랫폼을 개량해 나갔다. 그런데 한국은 위피가 표준이 되어 버렸다. 반드시 위피만 써야 한다. 그러니 더 이상 플랫폼 기술을 개발할 필요가 없다. 삼성이나 LG나 더 이상 모바일 플랫폼을 개선해나갈 이유가 없게 되었다.

그러면 위피 기술을 개발한 KISDI 등이 계속 위피를 개선해 나가면 되지 않을까? 계속 개선해 나가기는 했다. 하지만 개선하나 개선하지 않으나 한국에서는 계속 위피를 사용할 수밖에 없다. 개선하지 않는다고 해서 별 문제가 생기는 것도 아니다. 이런 상태에서는 개선이 이루어지기는 하지만, 세계 다른 나라의 기술 개발 속도는 따라갈 수 없었다. 개선하지 않으면 망한다고 생각하고 개선하는 것과, 해도 그만 안 해도 그만인 상태에서 개선하는 것은 차이가 날 수 밖에 없다. 다른 플랫폼들과 상대했을 때 차츰 위피의 품질이 떨어지기 시작했고, 다른 나라에서는 특별히 기술적으로 압도하지 않는 위피 플랫폼을 받아들일 이유가 없었다. 위피는 한국에서만 사용하는 모바일 표준이 되어 버렸다.

2007년 6월, 애플의 아이폰이 출시되었다. 아이폰은 전 세계적으로 스마트폰 시대를 열었다. 하지만 아이폰은 한국에서 출시될 수 없었다. 한국에서 스마트폰으로 팔리기 위해서는 위피를 써야 한다. 그런데 아이폰은 iOS 운영 프로그램을 쓰고 있었다. 아이폰이 위피를 사용해야 한국에 출시될 수 있는데, 아이폰은 당연히 위피를 사용하려 하지 않았다. 아이폰에 위피가 깔리면 더 이상 아이폰이 아니게 되기 때문이다.

아이폰은 전 세계를 휩쓸었다. 아이폰을 제외한 전 세계 모든 휴대전화 사업자들이 아이폰 때문에 어려움에 처했다. 이들이 아이폰에 대항하기 위해 힘을 합쳤고, 그래서 구글 안드로이드 운영체제를 공통으로 사용하기로 했다. 아이폰의 iOS와 전 세계 다른 업체들의 안드로이드 운영체제로 시장이 양분되었다. 한국은 이런 세계적인 운영체제 패러다임 전쟁에서 완전히 동떨어져 있었다. 한국은 위피를 선택하고 고집했기 때문이다.

한국의 모바일 컨텐츠 개발자들도 위피 기반의 콘텐츠를 개발하지 않고 아이폰용, 안드로이드용 콘텐츠를 개발하기 시작했다. 위피 기반으로 콘텐츠를 만들면 그 소비자는 한국에 한정된다. 그런데 아이폰, 안드로이드 기반으로 만들면 전 세계 사람들이 잠재적 소비자가 된다. 위피는 컨텐츠 개발자들로부터도 외면받기 시작했다.

위피 탑재 의무화는 국내 모바일 운영체제를 세계적 표준으로 하기 위한 규제였다. 그런데 세계적으로 사용되기는커녕 전 세계 모바일 환경의 변화를 전혀 따라가지 못하게 만들었다. 또 위피 의무화는 콘텐츠 개발자들이 보다 용이하게 개발하기 위한 것도 고려했었다. 그런데 콘텐츠 개발자들이 위피를 기반으로 콘텐츠를 만들지 않는다. 몇몇 위피를 기반으로 컨텐츠를 만들었던 개발자들은 세계 변화 추세에 오히려 뒤처졌다.

소비자들도 문제였다. 전 세계적으로 아이폰 열풍이 불면서 이전의 핸드폰에서 스마트폰으로 급속히 변화하고 있는데, 한국 소비자들은 스마트폰이 무엇인지도 모르고 여전히 핸드폰으로 통화나 메시지, 약간의 부가기능만 이용했다.

결국 2009년 4월, 위피 의무화가 폐지되고, 바로 아이폰이 한국에서 출시된다. 그리고 한국도 스마트폰 혁명이 시작되었다. 위피는 결국 세계적으로 2007년에 일어났던 스마트폰 혁명을 한국에 2년 동안 들어오지 못하게 막은 규제 정책이 되어 버렸다. 그 2년 동안 한국은 세계 모바일 시장에서 완전히 낙오자였다. 위피 의무화가 가져온 역설적인 결과였다.

# 일자리를 줄인 푸드트럭 활성화

한국에서 푸드트럭이 인정된 것은 2014년이다. 당시 박근혜 대통령이 규제 개혁의 일환으로 푸드트럭을 허용했다. 그때까지 한국에서 유원지 외의 장소에서 푸드트럭은 불법이었다. 외국에 가면 거리에 트럭이 세워져 있고, 그 트럭에서 음식을 판다. 하지만 한국에서는 트럭에서 음식을 파는 것은 불법이었다. 물론 한국도 길거리에서 음식을 판다. 한국의 길거리에는 포장마차들이 있었고, 여기에서 떡볶이, 어묵 등의 음식을 팔았다. 하지만 푸드트럭은 불법이었다.

푸드트럭은 이동성이 좋다. 일반 가게는 장소가 고정되어 있고, 포장마차는 멀리 이동할 수 없다. 하지만 푸드트럭은 사람이 많은 곳을 찾아 이동하면서 팔 수 있다. 사람들의 수요에 따라 이동할 수 있고, 또 포장마차처럼 밤에 길거리 어디에 방치하지 않고 주차장에 세워놓을 수 있기 때문에 도시 미관에도 도움이 된다. 무엇보다 푸드트럭은 보증금이나 월세가 없기 때문에 보다 적은 예산으로 사업을 시작할 수 있다. 일반 서민이 생계를 유지하기에 적합한 업종이었다.

2014년, 한국에서 푸드트럭을 허가하는 법이 만들어졌고, 푸드트럭 허가가 나기 시작했다. 정부는 정책적으로 푸드트럭을 활성화하려 했다. 서민들의 일자리를 늘리기 위한 주요한 수단 중 하나가 푸드트럭이었다.

그런데 문제가 생겼다. 푸드트럭은 길거리에 사람들의 통행이 빈번한 곳에 만들어져야 한다. 그래야 사람들에게 음식을 팔 수 있고 수익을 얻을 수 있다. 하지만 사람들 통행이 많은 곳에는 푸드트럭을 세워놓을 수 있는 곳이 거의 없다. 차도에 세우면 교통에 방해가 되고, 인도에 세우면 불법이다. 사람들이 많이 다니지만 교통이나 통행에 큰 방해가 되지 않는 곳은 대부분 이미 포장마차들이 들어서 있다. 그런 곳을 피하다보면 결국 푸드트럭은 사람들이 거의 다니지 않는 곳에 자리잡을 수밖에 없다. 오고가는 사람들이 없으니 음식이 팔리지도 않고, 결국 수익을 내지 못하고 기대만큼 활성화되지도 못했다.

푸드트럭은 서민들이 살아갈 수 있는 방안을 마련해 주기 위해 야심차게 만들어진 개혁 방안이었다. 하지만 푸드트럭은 처음의 기대와 달리 제대로 자리를 잡지 못했다. 푸드트럭을 활성화하기 위한 여러 방안들이 모색되었고, 그 중의 하나가 바로 포장마차를 대체하는 것이었다.

서울의 번화가 강남역을 보자. 강남역에는 오래 전부터 포장마차 거리가 있었다. 강남대로와 뒷길을 연결하는 골목에 포장마차들이 늘어서 있었다. 길 골목골목에도 포장마차들이 있었다. 원래 길거리에서 허가를 받지 않고 장사하는 포장마차는 불법이었다. 하지만 한국에서는 몇 십년 동안 길거리에서 떡볶이, 오뎅, 튀김 등을 파는 포장마차들이 계속 장사를 해왔다. 그동안은 이 포장마차들에 대해 단속하지 않았다. 하지만 이제 푸드트럭을 살려야 하니, 포장마차를 모두 없애게 했다. 그리고 포장마차 거리에 푸드트럭이 들어선다.

허가 받은 푸드트럭들이 들어서면서 푸드트럭 활성화 정책의 성과가 나왔다. 푸드트럭이 증가하고, 푸드트럭을 하는 사업자 수도 증가했다. 취업 효과가 나타나서 실업률도 그만큼 감소했다. 푸드트럭 사업자는 사업자 등록을 내고 하는 사람들이다. 공식적으로는 분명히 일하는 사람이 증가하고 실업률은 감소되었다. 하지만 정말로 일하는 사람이 증가한 것일까?

강남역 포장마차 거리의 경우, 원래 그 자리에 포장마차 7개가 있었다. 포장마차 거리를 벗어나서는 3, 4개의 포장마차들이 있었다. 이 포장마차들은 더 이상 강남역 거리에서 장사를 할 수 없게 된다. 그리고 포장마차 거리에 푸드트럭이 들어선다. 그런데 푸드트럭은 리어카인 포장마차보다 장소를 더 잡아먹는다. 그래서 푸드트럭은 4대만 들어서도 장소가 꽉 찼다. 결국 이전에 7개 포장마차가 있던 곳이 4대의 푸드트럭으로 대체되었다. 7명이 일자리를 잃고, 4명이 새로운 일자리를 얻었다. 포장마차 거리 주변 포장마차까지 합하면, 10명이 일자리를 잃고, 4명이 새로운 일자리를 얻었다. 이 4대의 푸드트럭에 딸린 4명이 계속해서 안전한 일자리를 얻게 된 것도 아니다. 그 자리에서 장사할 수 있는 푸드트럭은 추첨으로 정해진다. 한 번 당첨되어 받을 수 있는 기한은 3개월이다. 3개월이 지나면 다시 추첨을 해야 한다. 운이 좋아서 또 당첨이 되면 다행이지만, 경쟁률이 높아 연속해서 당첨되는 것은 어렵다. 결국 푸드트럭은 모두 임시직이 되었다.

이전에 포장마차가 있을 때는 7명의 가족이 생계를 해결할 수 있었다. 그런데 푸드트럭으로 바뀌면서 4명의 가족만 생계를 해결할 수 있게 되었다. 일자리가 늘어난 게 아니라 오히려 줄어든 것이다. 공식적으로는 푸드트럭 사업자가 늘었다. 하지만 실질적으로는 같은 업종에 종사하는 사업자 수가 줄었다.

그동안 불법으로 공간을 점유하고 장사해왔던 포장마차를 없애고 거리 질서를 개선했다는 점에서 푸드트럭 활성화를 긍정적으로 볼 수도 있을 것이다. 그런데 푸드트럭의 목적은 불법 사항 개선도, 거리 질서 개선도 아니었다. 서민의 일자리를 늘리는 것이 목적이었다. 일자리를 늘리기 위해 시작한 계획이 결과적으로 사회 전체의 일자리를 줄이고, 안정적인 일자리를 3개월짜리 임시적 일자리로 만들었다. 푸드트럭은 늘어났지만, 원래의 정책 목표를 달성하지는 못한 것이다.

# 막걸리 시장을 축소시킨
# 중소기업 적합업종 선정

한국에는 중소기업 적합업종 제도가 있다. 특정 업종을 중소기업 적합업종으로 지정하면 그 업종에는 대기업이 진출할 수 없도록 하는 제도다. 해당 업종은 중소기업만 할 수 있다. 이 정책은 중소기업을 보호하기 위해서 만들어졌다. 중소기업은 대기업에 비해 규모가 작고 경쟁력이 낮다. 그래서 대기업과 경쟁을 하면 살아남기 힘들다. 중소기업 적합업종 제도는 중소기업 영역에는 대기업이 들어오지 말라는 규제다. 이미 대기업이 들어와서 사업을 하고 있는 경우에는 사업을 매각하고 철수하게 하거나 더 이상 해당 업종에서 확장을 하지 못하도록 한다. 사업을 하되 성장하면 안 되는 것이다.

이 규제는 2010년도에 만들어졌다. 사실 1979년부터 2006년까지 이와 비슷한 제도가 있었다. 중소기업 고유업종 제도다. 중소기업 고유업종으로 지정되면 대기업이 들어올 수 없었는데, 1990년대에는 100개 업종이 넘었지만 2006년경에는 10여 개밖에 남지 않았다. 그래서 실효성이 없어 폐지되었는데, 2010년에 중소기업 적합업종으로 다시 부활했다.

중소기업 적합업종 규제는 중소기업을 위한 제도다. 그런데 이 중소기업 적합업종 규제가 정말로 중소기업에 도움이 되는가, 중소기업의 이익에 기여하는가에 대해서는 많은 논란이 존재한다. 그 대표적인 사례가 바로 막걸리 업종이다.

막걸리는 한국의 전통 술이다. 그런데 소주, 맥주 등과 비교해서 좀 저급한 술로 인식되었다. 많은 사람들이 막걸리를 마시고 나면 그 다음날 머리가 아프다고 이야기를 했다. 그렇게 질이 좀 떨어지는 술로 받아들였다. 그러던 중에 막걸리가 2000년대 중반부터 크게 성장하기 시작했다. 쌀로 빚었기 때문에 건강에 좋다는 이미지가 생기고, 해외에 수출도 되었다. 특히 일본에서 막걸리 열풍이 불었고, 한류 상품 중 하나가 되었다.

막걸리가 이렇게 성장하게 된 이유 중 하나는 대기업이 막걸리 시장에 진출했기 때문이었다. 대기업은 그동안 소주, 맥주 등을 주로 판매했는데, 틈새시장으로 막걸리에 관심을 가지기 시작했다. CJ제일제당은 막걸리 업체와 손잡고 막걸리 시장 확대에 나섰다. 그동안 막걸리를 먹으면 머리가 아프다는 비판이 많았는데, 이것은 다른 이물질이 섞였기 때문이다. 대기업이 막걸리 연구 개발을 하면서 이런 이물질을 줄인 막걸리를 출시했다. 또 다른 막걸리의 문제점 하나는 오래 보관할 수 없다는 점이었다. 단기간에 부패가 진행되기 때문에 대량생산해서 오랫동안 보관하기가 어려웠다. 이 문제도 대기업 투자가 이루어지면서 캔 막걸리가 만들어지는 등 이전보다 훨씬 오랫동안 보관할 수 있는 방법이 가능해졌다. 오랫동안 보관할 수 있으니 막걸리를 팔 수 있는 유통망도 넓어졌다. 이전에 막걸리는 어디까지나 지역 상품이었다. 금방 부패하기 때문에 멀리까지 이동해서 판매할 수도 없었다. 하지만 이제는 해외까지 판매할 수 있게 되었다.

이런 유통망 확대에서 대기업의 역할은 중요했다. 중소기업이 해외에 진출하기는 쉽지 않다. B2B 기업도 아니고, 해외 소비자들에게 직접 물건을 파는 것은 중소기업 입장에서 쉽지 않은 일이다. 대기업이 이런 유통망을 개척하면서 수출이 용이해졌다. 일본에서 막걸리를 팔 수 있었던 이유 중 하나는, 진로 등이 기존 소주 판매망 등을 이용해서 막걸리를 유통시켰기 때문이다.

마케팅도 중요했다. 대기업들은 막걸리를 더 많이 팔기 위해 광고도 많이 했다. 심지어 TV 광고까지 나왔다. 광고, 마케팅 등의 활동이 많아지면서 소비자들은 점점 더 막걸리에 익숙해지고 막걸리 판매량도 증가했다.

2007년에 막걸리 출고량은 172,370 $kl$였다. 2009년에는 260,701 $kl$가 되었고, 2011년에는 458,198 $kl$가 되었다. 막걸리 열풍이라고밖에 말할 수 없는 엄청난 성장세였다.

2011년, 막걸리가 중소기업 적합업종으로 지정된다. 이미 막걸리 시장에는 대기업이 진출해 있었기에 무조건 철수하라고 할 수는 없었고, 대신 더 이상 확장하지 말라는 규제가 부과되었다. 대기업은 더 이상 막걸리 시장에서 매출이나 이익이 늘어나면 안 되었다. 매출 증대를 위해 노력할 필요가 없어졌다.

그러면 막걸리를 중소기업 적합업종으로 지정하면서 중소 막걸리 제조업체들은 많은 돈을 벌 수 있었을까? 주요한 경쟁자인 대기업이 없어지니, 중소 막걸리 업체들이 더 많이 막걸리를 팔고 더 많은 이익을 낼 수 있었을까?

2007년부터 2015년도까지 막걸리 출고량 통계를 보자.

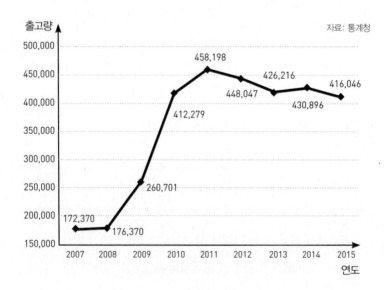

연도별 막걸리(탁주) 출고량 (단위: ㎘)

막걸리 시장은 2007년부터 2011년도까지 가파르게 성장했다. 그러나 막걸리가 중소기업 적합업종으로 선정되고 규제가 집행되기 시작한 2012년부터 막걸리 시장은 하락세로 접어들었다. 2015년에는 2011년에 비해 출고량이 약 10% 정도 감소한다. 수출량은 더 큰 폭으로 감소한다. 2011년에는 43,082톤 정도 수출을 했는데, 2018년에는 12,848톤으로 감소한다. 한류를 대표하는 막걸리 열풍은 사라졌다.

막걸리 열풍이 사라진 것은 중소기업 적합업종의 문제가 아니라 막걸리 자체의 문제였다는 시각도 있다. 일본 등에서 막걸리 열풍이 식기 시작한 것은 막걸리 캔이 폭발하는 문제가 부각된 것도 있었다. 하지만 원래 막걸리는 오래 지속되지 못한다는 치명적인 약점이 있던 술이었다. 그나마 대기업의 기술 개발 덕분에 캔으로 담아서 팔 수 있게 되었다. 하지만 아직 완전한 상태는 아니었다. 이런 것들은 지속적으로 연구개발을 통해서 해결해 나가야 하는 문제였다. 하지만 막걸리가 중소기업 적합업종이 되면서 더 이상 대기업은 이런 문제에 대해 연구개발을 하지 않았다. 대기업이 하지 않으면 중소기업이 해야 하는데, 중소기업은 이런 상품 개발에 큰돈을 쏟아 붓기 힘들다. 아이디어 상품은 개발할 수 있지만, 거대한 돈이 들어가는 연구개발은 할 수 없다. 또 중소기업이 전 국민을 대상으로 TV 광고, 언론 광고를 하기도 힘들다. 대기업이 막걸리 시장에서 손을 떼면서 막걸리 시장은 점차 이전의 지역 시장으로 돌아간다.

막걸리가 중소기업 적합업종으로 지정되면서 중소기업들이 좋아졌을까? 결과적으로 말하면 아니었다. 막걸리 시장 자체가 감소하면서 막걸리 중소업체들의 매출과 이익도 감소했다. 중소기업이 좋으라고 만든 규제지만 중소기업의 매출과 이익이 오히려 줄어드는 규제의 역설이 발생했다. 적지 않은 사람들이 중소기업 적합업종 규제에 반대하는 이유는 이런 규제의 역설 때문이다. 중소기업을 위한다는 취지는 좋지만, 실제 결과가 중소기업에 유리하지는 않다.

# 관세 보복과 대공황으로 이어진 관세 전쟁

1929년 미국에서 대공황이 일어났다. 그동안 세계는 여러 차례 불황을 경험해왔지만, 1929년의 대공황이 가장 큰 규모였다. 그 이후에도 세계는 1970년대 경제 불황, 2008년 세계 금융 위기 등을 겪었지만, 아무래도 1929년 대공황에 비교할 수는 없다.

1929년 대공황은 미국에서 발생했다. 미국의 대공황을 가지고 왜 한국이나 다른 나라에서 크게 중요하게 이야기하는지 이해가 안 될 수도 있다. 하지만 1929년 대공황은 미국에서 시작했을 뿐, 세계적인 대공황이었다. 유럽도 공황이었고, 아시아도 공황에 빠져들었다. 이 공황에 대처하는 과정에서 독일에서는 히틀러가 정권을 잡았고, 일본은 군국주의가 심화되었다.

2008년 세계 금융 위기도 사실은 미국의 서브 프라임 사태로 발생한 미국의 경제 위기였다. 미국이 그냥 일반적인 국가였다면 미국의 경제 위기는 그냥 미국의 위기로 그쳤을 것이다. 그런데 미국은 세계에서 가장 큰 경제 규모를 가지고 있다. 세계의 많은 나라들은 미국에 대한 수출과 미국의 투자금에 의존해서 자기 나라 경제를 꾸려가고 있다. 미국의 경제 위기는 다른 나라로 파급될 수밖에 없다. 그래서 미국의 공황은 그대로 세계의 공황이 된다.

1929년 대공황의 원인은 무엇이었을까? 가장 먼저 버블로 인한 부채의 증가를 들 수 있다. 1920년대는 버블의 시대였다. 당시 미국에서는 땅값이 폭등을 했고, 주식 시세도 끝없이 오르기만 했다. 자산 가격이 계속 오르니 사람들은 빚을 얻어서 땅을 사고 주식을 샀다. 1929년경에 이 자산 가격 상승이 드디어 꺾였다. 버블 시기에 자산 상승 추세가 꺾이면 그 다음은 폭락이다. 은행이 담보 대출한 자산 가격이 떨어지니 은행은 대출을 회수하기 시작한다. 빚을 얻어서 자산을 늘렸는데 은행이 대출을 회수하기 시작하면 투자자는 버틸 수 없다. 자산을 무조건 팔아야 하고 그러면 자산 가격은 더 떨어진다. 이 과정이 연속적으로 벌어지면 버블 붕괴로 인한 불황이 온다.

그런데 이런 불황은 1929년만이 아니라 일반적으로 일어나는 불황 현상이다. 한국의 1997년 금융 위기도, 2008년 세계 금융 위기도 모두 버블 붕괴로 인한 불황이었다. 그런데 왜 1929년 공황은 대공황으로 발전해서 세계 자본주의 역사를 다시 쓰게 했을까?

경제학자들이 1929년 공황이 대공황으로 바뀌게 된 주요 원인으로 꼽는 것이 있다. 바로 스무트–할리법이다. 일반적인 공황으로 지나갈 수 있었던 1929년 불황은 1930년 스무트-할리법이 시행되면서 대공황으로 바뀐다.

1929년 5월, 공황이 발생하기 5개월 전에 스무트-할리법이 미국 하원을 통과한다. 그리고 1930년 3월, 공황이 시작된 이후에 상원을 통과한다. 스무트-할리법은 수입품에 대해 관세를 올리자는 게 핵심이었다. 한 나라가 취할 수 있는 경제정책의 큰 방향 중에 중상주의라는 것이 있다. 중상주의에서는 돈을 더 많이 버는 것이 중요하다고 본다. 그러면 국제 거래에서 돈을 더 많이 벌기 위해서는 어떻게 해야 할까? 우리나라의 돈이 외국으로 나가서는 안 된다. 그리고 외국의 돈은 우리나라로 들어와야 한다. 수출을 하면 외국의 돈이 우리나라로 들어오고, 수입을 하면 우리나라의 돈이 외국으로 빠져나간다. 그러니까 수출은 하고 수입은 하지 않으면 우리나라의 돈이 더 많아지고 부자가 될 수 있다.

수입을 하지 않으려면 어떻게 해야 할까? 가장 대표적인 것이 관세를 부과하는 것이다. 외국에서 수입하는 물품에 대해 관세를 높게 매기면 수입품의 가격이 비싸진다. 가격이 비싸면 소비자들이 사지 않을 것이고, 그러면 우리나라의 돈이 외국으로 빠져나가지 않는다.

그리고 외국 수입품이 비싸지면 국내에서 생산된 물품이 더 많이 팔리게 된다. 국내 기업들이 더 많은 수익을 올릴 수 있고 국내 고용도 증가한다. 외국 제품에 대해 높은 관세를 매기면 국내에서는 모두가 다 행복해진다.

하지만 경제학에서는 이런 식의 과도한 관세 부과에 반대한다. 어느 한 국가가 과도한 관세를 부과하면 그 국가는 분명히 돈을 벌 수 있다. 하지만 상대 국가도 같이 높은 관세를 부과한다면? 모든 나라가 다 높은 관세를 부과하면 무역이 이루어질 수 없다. 그러면 모두가 다 손실을 본다. 당시 미국의 경제학자들은 이 법안에 반대하는 내용의 성명을 발표했다. 무려 1028명의 경제학자들이 이 법안을 반대하는 성명에 서명했다. 이미 법안이 상원까지 통과했지만, 대통령이 이 법에 대해 거부권을 행사하기를 요청하는 성명이었다. 그러나 당시 허버트 후버 미국 대통령은 이 법안에 서명을 한다. 그리고 1930년 6월, 스무트-할리법이 효력을 발휘하기 시작했다.

스무트-할리법에 의해 당시 미국의 수입품 중 2만 개가 넘는 품목에 대해 고율의 관세가 부과되었다. 미국 역사에서 2번째로 높은 관세가 이때 부과되었다. 미국 역사에서 가장 높은 관세는 1830년에 평균 61.7%의 관세를 부과한 것이었다. 그리고 이어서 1930년에 평균 59.1%의 관세를 부과한다. 수입품 가격이 폭등을 했다.

처음에는 상황이 좋아 보였다. 외국으로부터의 수입이 감소했고, 그만큼 미국 국내 기업들의 생산량이 증가했다. 고용도 늘어났다. 그런데 곧 다른 나라들도 미국의 수출품에 대해 고율의 관세를 매기기 시작했다. 소위 무역 보복이 이루어졌다. 미국 수출품에 대해 고율의 관세가 매겨지니 수출이 잘 되지 않는다. 수출이 감소하면서 수출품을 만드는 기업들의 수익이 떨어진다. 수출 기업들이 어려워지니 그 종사자들도 해고를 당하고 수입이 적어진다. 이렇게 많은 노동자들의 수익이 적어지면서, 상품 구매도 줄고 전반적으로 물건이 팔리지 않게 된다.

미국의 수입품은 1929년에서 1933년 사이에 66%가 줄었다. 그리고 미국의 수출품은 같은 기간에 61%가 감소했다. 수입은 그렇다 쳐도, 수출품이 61% 감소했다는 것은 미국 공장들의 생산량이 그만큼 감소했다는 뜻이다. 아무리 해외 수입 감소로 국내 생산업자들이 좋아졌다고 해도, 수출업자들의 생산량이 그만큼 감소하면 경제 전체적으로는 타격이 있을 수밖에 없다. 기업이 부도나고 실업이 증가했다. 미국은 본격적인 불황에 접어든다. 대공황이 심화되면서 미국의 실업률은 25%까지 올라간다. 2008년 세계 금융 위기 이후 미국 실업률이 9%대였다. IMF때 한국 실업률이 7%였다. 이 당시 미국의 25% 실업률은 역대급이 아닐 수 없다. 대공황이 괜히 대공황이라는 이름이 붙은 것이 아니다.

스무트–할리법은 미국 기업과 노동자들이 더 좋아지라고 만든 법안이다. 외국으로부터의 수입을 막고, 그 대신 미국 기업과 노동자들이 더 많이 수익을 올리도록 했다. 하지만 스무트–할리법이 다른 나라의 보복을 유발하면서 미국 기업들은 훨씬 더 어려워졌다. 미국 노동자들은 엄청난 수가 일자리를 잃으면서 생존에 위협을 느꼈다. 미국을 위하려던 법이 미국을 역사상 가장 어려운 시기로 끌고 갔다. 스무트–할리법은 경제사에서 가장 유명한 역설적 사례 중 하나가 되었다.

# 전통시장 매출을 감소하게 만든 대형마트 의무휴업

한국은 2012년부터 대형마트에 대해 의무휴업 규제를 시행하고 있다. 한 달에 2일은 매장을 열지 못하도록 하는 규제다. 한 달에 2일 휴일인데, 이 2일이 언제인가는 각 지자체가 자율적으로 정하도록 하고 있다. 대부분의 지자체에서는 매월 2째주 일요일과 4째주 일요일을 휴일로 지정했다. 평일을 지정한 지자체도 있지만, 대도시 경우는 모두 일요일을 휴무일로 하고 있다.

대형마트 의무휴업 규제를 시행하는 이유는 골목상권, 전통시장을 활성화시키기 위해서다. 대형마트가 생기면서 사람들이 골목상권을 이용하지 않고 전통시장도 잘 가지 않는다는 게 전제다. 대형마트가 문을 닫으면 사람들이 다시 골목상권을 이용할 것이고 전통시장도 찾을 것이다. 한 달에 두 번 대형마트 문을 닫으면, 대형마트가 문을 닫은 날에는 사람들이 어쩔 수 없이 골목상권을 이용할 수밖에 없고, 그러면 골목상권의 매출이 올라갈 것이다. 그러니까 대형마트 의무휴업 규제는 골목상권, 전통시장 상인들이 돈을 더 벌 수 있게 하기 위한 규제다.

대형마트 의무휴업 규제는 목표한 대로의 효과를 거두었을까? 일단 대형마트 의무휴업으로 직장인들이 장을 보기 어려워졌다는 평가는 많이 볼 수 있다. 평일에 회사를 가는 직장인들은 일요일에 장을 볼 수밖에 없는데, 일요일에 대형마트가 쉬니 장을 보기가 어려워진 것이다. 전통시장은 주차장 시설도 부족하고 카트가 없어 많은 물건을 사기 힘들다는 일반 소비자들의 불만도 있다. 하지만 대형마트 의무휴업 규제는 골목상권, 전통시장을 살리기 위한 규제다. 직장인, 일반 소비자들이 조금 불편해지더라도 골목상권, 전통시장의 매출이 증가하고 살아나게 된다면 의미 있는 규제라고 할 수 있을 것이다.

그러면 대형마트 의무휴업 규제로 인해서 골목상권, 전통시장의 매출은 증가했을까? 2012년 대형마트 의무휴업이 시행된 이후로 정말로 많은 연구가 이루어졌다. 대형마트 의무휴업으로 인해 골목상권의 매출이 어떻게 변했는지, 그리고 소비자들이 과연 골목상권과 전통시장을 더 많이 찾는지에 대해 많은 연구자들이 조사를 했다.

그런데 재미있는 건 연구자마다 연구 결과가 다 다르다는 사실이다. 어떤 조사에서는 골목상권의 매출이 증가된 것으로 나오고, 또 다른 조사에서는 소비자들이 골목상권을 더 찾지 않은 것으로 나온다. 대형마트 의무휴업으로 인해서 전통시장의 매출이 실제 증가했다는 연구 결과는 얼마든지 찾을 수 있다. 그리고 전통시장 매출에 아무런 영향을 미치지 못한다는 연구 결과도 얼마든지 찾을 수 있다. 같은 규제인데, 그 결과는 서로 다르게 나온다.

그런데 그 결과를 보면 재미있는 점이 있다. 대형마트, 대기업을 지지하는 단체에서 조사한 연구는 모두 대형마트 의무휴업 규제로 전통시장의 매출이 증가하지 않았다는 결과를 제시한다. 그리고 전통시장, 대기업에 반대하는 시민단체 등에서 조사한 연구는 모두 대형마트 의무휴업 규제로 전통시장, 골목상권이 더 나아졌다는 결과를 제시한다. 사실 연구 결과가 어떤지는 볼 필요도 없다. 누가 그 연구 조사를 하였는가를 파악하면 그 결과가 어떤지 바로 알 수 있다. 대형마트를 지지하는 측에서 발표한 연구 결과는 규제 효과가 전혀 없었다고 결론짓고 있고, 골목상권을 지지하는 측에서 발표한 연구 결과는 규제 효과가 있다고 결론짓는다.

이렇게 연구 기관에 따라 조사 결과가 다르게 나오는 것을 보고 연구기관이 자기 입맛에 맞도록 결과를 조작한다고 생각하면 안 된다. 연구기관 측에서는 자기가 주장하는 것이 있다 하더라도, 막상 조사하고 분석하는 사람은 연구원이다. 연구원 개인 측면에서는 조사 결과를 왜곡하면 자기 개인 신뢰에 치명적이다. 연구원은 그 연구기관을 떠나 나중에 어디서 어떻게 일을 하게 될지 모른다. 근거 없이 그냥 연구 결과를 만들었다간 그 이후 그 연구원의 개인 경력은 끝장이 날 수 있다.

연구원이 대놓고 조작하는 것이 아닌데도 연구기관의 입장에 따라 결과가 달라지는 것은 설문조사의 근본적 한계가 작용하기 때문이다. 정말 신기하게도 설문조사에 응하는 사람들은 조사하는 사람들의 입맛에 맞게 응답을 하는 경향이 있다. 설문 문항의 전체적인 분위기, 설문조사하는 사람의 응대 방법 등을 보고 이 설문조사 하는 주체가 어떤 의도를 가지고 있는가를 귀신같이 알아챈다. 그리고 설문조사 기관이 원하는 방향으로 응답을 한다. 연구원이 대놓고 결과를 조작하지 않듯, 설문조사에 응하는 사람들도 의도적으로 거짓말을 하는 게 아니다. 상대방에게 대놓고 싫은 말을 하지 않으려는 사람의 본능이 설문 과정에 작용하는 것이다. 가령 대형마트 규제에 찬성하는 사람이라고 하면, 대형마트 규제에 긍정적인 기관이 조사할 때는 [적극 찬성]에 표시하고, 대형마트 규제에 부정적인 기관이 조사할 때는 [찬성]에 표시하는 식이다. 설문 응답에 대해 약간 강도를 조정하는 식인데, 그것이 전체적으로 보면 결과가 상당히 달라진다. 특히 온라인 설문에서 이런 경향이 강하다. 여당에서 조사한 설문조사에서는 여당 지지가 높게 나오고, 야당에서 조사한 설문조사에서는 야당 지지가 높게 나오는 것은 이런 이유 때문이다.

그래서 이렇게 논쟁이 되는 부분은 설문조사를 가지고 그 결과를 파악하면 안 된다. 실제 상인의 매출 자료, 또는 소비자의 구입금액 자료를 가지고 그 결과를 파악해야 한다. 그런데 대형마트 매출은 공개되니 알 수 있는데 골목상권, 전통시장의 매출은 공개되지 않는다. 상가 주인에게 매출을 물어보거나, 소비자에게 얼마를 썼는가 물어보는 방식으로 조사하는데, 이것은 결국 설문조사다. 진짜 매출 규모는 알 수 없다.

대형마트 의무휴업의 효과와 관련해서 실제 매출 자료나 구입 금액 자료를 이용한 연구는 몇 편 되지 않는다. 서용구 숙명여대 교수가 신용카드 사용자의 빅데이터를 기반으로 조사한 결과와 경기 과기대 조춘한 교수가 카드 거래액을 분석한 조사가 대표적이다. 서용구 교수 자료에 의하면, 대형마트 의무휴업 이후 대형마트의 신용카드 사용 금액 증가율은 급속히 감소했다. 이것은 당연한 결과다. 문제는 전통시장의 매출액인데, 전통시장의 매출액도 급격히 감소했다.

조춘한 교수의 자료는 소상공인, 전통시장을 보다 세분해서 조사가 이루어졌다. 조춘한 교수의 신용카드 분석에 의하면 대형마트 의무휴업으로 대형마트 매출은 감소했다. 그리고 매출 5억 원 이하 소규모 상점들의 매출도 감소했다. 서용구 교수와 같은 결과다. 그런데 매출 50억 원 이상의 대형 슈퍼마켓의 매출은 증가했다. 대형마트 의무휴업은 전통시장과 소상업인의 매출을 증가시키지 못했다. 대신 대형 슈퍼마켓의 매출을 증가시켰다. 대형마트를 가지 못한 소비자들은 골목상권과 전통시장으로 가지 않고 대신 대형 슈퍼마켓으로 갔다.

그런데 재미있는 결과가 하나 더 있다. 대형마트가 영업을 하는 날 대형마트 주변 상가의 매출이 100이라 하자. 그런데 대형마트 의무휴업일에는 주변 상가들의 매출이 91로 나왔다. 대형마트가 영업하는 날 매출이 오르고, 대형마트가 쉬면 주변 상가의 매출도 감소한다. 소비자들은 대형마트에 쇼핑하러 왔다가, 주변 작은 상가들도 들려서 물건을 사갔다. 대형마트가 쉬는 날은 쇼핑을 하러 나오지를 않고, 그래서 작은 상가들도 매출이 감소한다. 지방에서 대형마트가 일요일에 쉬지 않고 평일에 쉬는 이유도 이것 때문이다. 대형마트가 일요일에 영업을 할 때 오히려 지역 상점들의 매출이 더 증가했다.

대형마트 의무휴업제는 골목상권, 전통시장의 매출을 증가시키기 위한 규제다. 그러나 대형마트 의무휴업제는 골목상권, 전통시장의 매출을 증가시키지 못했다. 오히려 대형마트가 의무휴업을 하는 날 주변 상가들의 매출은 감소했다. 골목상권의 매출을 증가시키려 대형마트를 휴업하게 했는데 오히려 골목상권의 매출이 감소한다. 전형적인 규제의 역설이 여기서 발생하고 있다.

# 단말기 소비자 가격을 높인 단말기 유통법

2014년 10월 1일, 단말기 유통법 소위 말하는 '단통법'이 시행된다. 단통법의 정식 명칭은 '단말기 유통구조 개선법'이다. 2014년 5월말에 제정되고, 3개월 동안의 유예 기간을 두고 2014년 10월 1일부터 시행되었다. 단말기 유통법이 만들어지게 된 이유는 '단말기 이용자의 편익을 증진시키기 위해서'다. 이 법률의 제정 이유는 이렇게 되어 있다.

> "이 법은 이러한 과도하고 불투명한 보조금 지급에 따른 문제점을 해소하고, 투명하고 합리적인 단말기 유통구조를 만들어 나감으로써 이용자의 편익을 증진하고자 하는 것임."

사람들은 단말기 판매점에서 이동통신 단말기를 구입한다. 이때 판매점은 이용자들에게 보조금을 지급하는데, 이 보조금이 과도하다는 것이 문제가 되었다. 단말기의 정가가 있지만, 단말기의 정가대로 사는 사람은 거의 없었다. 판매점에서는 여러 가지 보조금, 할인 판매를 시행했고, 보다 싼 가격으로 단말기를 판매하면서 고객을 유치했다.

그러다 보니 사람들마다 단말기를 구입하는 가격이 모두 달랐다. 어떤 사람은 정가대로 100만 원을 내고 단말기를 구입하고, 어떤 사람들은 70만 원에 단말기를 사고, 또 어떤 사람들은 40만 원에 사기도 했다. 심지어는 10만 원, 아예 '기기 값 무료'로 사는 사람들도 있었다. 판매점마다 끊임없이 이런저런 할인 행사를 했고, 그 기회를 잘 잡은 사람은 싼 가격에 단말기를 구입할 수 있었다. 하지만 그런 것에 별로 신경을 쓰지 않는 사람들은 원래 정가에 가까운 가격에 단말기를 구입했다. 같은 단말기인데, 구입하는 사람에 따라 모두 가격이 달랐다.

이렇게 할인 비율이 높고 또 서로 달랐던 이유는, 한국의 이동통신사들이 실질적으로 경쟁할 수 있는 게 가격밖에 없어서였다. SK텔레콤, KT, LG U플러스 등 한국의 이동통신사들은 통화 품질에 거의 차이가 나지 않는다. 과거에는 SK텔레콤이 가장 통화 품질이 좋고 잘 터진다고 해서 SK텔레콤을 일부러 찾는 사람들도 있었지만, 지금은 통화 품질 상에서는 사실상 차이가 없다. 그러니 통화 품질 때문에 통신사를 선택할 일이 없다.

그러면 이동통신사에 따라 사용할 수 있는 기기에 차이가 있느냐 하면 그렇지도 않다. SK텔레콤에서도 아이폰, 갤럭시 등 자기가 원하는 기기를 살 수 있고, LG에서도 똑같은 기기를 이용할 수 있다. 2009년 아이폰이 처음 한국에 출시되었을 때에는 KT에서만 취급했다. 그래서 아이폰을 사용하고 싶은 사람들은 KT를 이용해야 했다. 이렇게 이동통신사마다 사용기기에 차이가 있던 때도 있었다. 하지만 지금은 모든 이동통신사에서 다 똑같은 기기를 사용할 수 있다. 어떤 이동통신사를 이용하느냐에 따라 차별화되는 것이 거의 없다.

그러다 보니 이동통신사 입장에서 고객을 유치할 수 있는 방법은 한 가지였다. 자기 이동통신사를 이용해 주는 사람들에게 보다 싼 가격으로 기기를 판매하는 것이다. 원래 단말기 가격이 100만 원이라 가정하자. 이때 SK텔레콤이 20만 원 보조금을 지급해서 80만 원에 판매한다면 손님을 끌어들일 수 있다. 그리고 SK텔레콤이 80만 원에 판매할 때 KT가 40만 원 보조금을 지급해서 60만 원에 판매하면 KT가 손님을 가져간다. 그러면 LG는 60만 원 보조금을 주어서 40만 원에 단말기를 판매하고, 이런 식으로 보조금은 점점 증가하고 단말기 가격은 점점 낮아졌다.

하지만 이런 보조금을 누구에게나 다 준 것은 아니었다. 주로 다른 이동통신사를 이용하고 있는 사람을 자기 이동통신사로 끌어들이기 위해서 보조금을 주었다. SK텔레콤이라면, 이미 SK텔레콤을 쓰고 있는 사람에게는 단말기 할인 혜택을 주지 않았다. 지금 KT를 사용하고 있는 고객에게 단말기 가격을 싸게 해주는 대신 SK텔레콤을 사용하도록 했다. 다른 이동통신사를 이용하고 있는 고객을 자기 이동통신사로 옮기도록 단말기 할인 혜택을 주었던 것이다.

이러다보니 같은 단말기인데 판매 가격이 모두 다르다. 어떤 사람들은 정가를 주고 사고, 어떤 사람들은 큰 할인을 받고 산다. 싸게 산 사람들은 별 불만이 없었다. 문제는 비싸게 산 사람들이다. 똑같은 기기를 다른 사람들보다 비싸게 샀다는 것을 알게 된 사람들은 불만을 제기했고, 그래서 단통법이 만들어지게 되었다. 단통법은 보조금을 일정 수준 이상 주지 못하도록 했다. 보조금의 최대한도는 35만 원이었다. 100만 원짜리 단말기라면 최소한 65만 원 이상에 팔아야 했다. 이전에 이용자들은 10만 원, 20만 원에도 구입할 수 있는 기회가 있었는데, 이제는 무조건 65만 원 이상을 주어야 했다.

단통법이 만들어지면서 소비자들은 반발했다. 단통법은 단말기 구입 가격을 증가시키는 법이었다. 이전에는 할인을 받고 살 수 있었는데, 이제는 할인을 받지 못하게 하는 법이었다. 그러나 정부 측에서는 단통법이 결국은 모든 소비자들이 싼 가격에 단말기를 구입할 수 있는 규제라고 보았다. 그동안은 비싸게 구입하는 소비자가 있고 싸게 구입하는 소비자가 있다. 하지만 단통법으로 보조금을 지급하지 못하게 되면, 단말기 회사들은 자기 단말기를 보다 많이 팔기 위해 단말기 가격을 내릴 것이다. 그동안 삼성 등 단말기 회사들은 단말기 하나에 100만 원에 공급했고, 이동통신사들이 보조금을 지급한 것이다. 이동통신사들이 보조금을 지급하지 않으면 삼성 등 단말기 회사들이 자기 제품을 더 많이 팔기 위해 가격을 내릴 것이다. 지금 100만 원에 팔고 있는 단말기를 70만 원 등으로 내릴 것이고, 여기에 이동통신사가 30% 정도 보조금을 더하면 50만 원 정도에 팔릴 수 있을 것이다. 그동안은 100만 원 단말기가 다양한 가격에 팔렸다면, 이제는 50만 원 정도의 가격에 일정하게 팔릴 수 있을 것이다. 국민 모두가 50만 원에 단말기를 살 수 있다면, 국민들이 10만 원–100만 원 사이에서 사는 것보다 더 낫다.

단말기 회사들이 정말로 단통법 시행으로 100만 원 가격을 70만 원으로 낮게 조정했다면, 국민들이 그 혜택을 골고루 받아 평균적으로 낮은 가격으로 구입할 수도 있었을 것이다. 하지만 단말기 회사들은 단말기 가격을 낮추지 않았다. 사실 낮출 필요가 없었다. 단통법이 시행된다고 해서 단말기 회사들이 자기 단말기 가격을 낮출 이유는 없다. 또 삼성 갤럭시, 애플의 아이폰은 한국만이 아니라 전 세계에서 동일하게 팔리는 제품이다. 다른 모든 나라에서 100만 원에 판매하는 단말기를 한국에서만 70만 원으로 낮출 수는 없었다.

결국 단말기 가격은 낮아지지 않았고, 단말기에 지급되는 보조금만 줄었다. 국민들은 이전보다 평균적으로 훨씬 비싼 가격에 단말기를 사야만 했다. 이전에는 자기가 얼마나 노력하고 발품을 파느냐에 따라 거의 무료로 단말기를 구입할 수도 있었다. 하지만 단통법 시행으로 단말기 구입 평균 가격은 크게 올랐다. 이익을 본 것은 이동통신사였다. 이전에는 이동통신사마다 단말기 한 대에 몇 십 만 원 규모의 보조금을 지급해야 했다. 그래야 손님을 끌 수 있었다. 하지만 이제 법으로 일정 액수 이상의 보조금을 지급하지 못하게 되었다. 손님을 끌어들이기 위한 마케팅 비용이 큰 폭으로 감소하면서 이동통신사의 이익이 크게 증가했다. 한 회사만 보조금을 지급하지 못한다면 자기 고객이 감소하겠지만, 모든 이동통신사가 다 보조금을 지급하지 않으니 고객에 변화가 없다. 결국 단통법은 이동통신사의 이익이 급증하고, 고객들의 구입비용은 증가하는 결과를 낳았다.

단통법은 이용자의 편익을 증진시키기 위한 법으로 만들어졌다. 어디든 가격이 같으니 저렴한 단말기를 구하려고 여기저기 돌아다닐 필요가 없다는 측면에서는 소비자 편익이 증대되기는 했다. 하지만 이용자들이 원한 편익은 이런 것이 아니었다. 보다 싼 가격으로 통신 서비스를 이용하기를 원했다. 단통법은 대표적인 규제의 역설 사례 중 하나가 되었다.

# 비트코인 폭등을 가져온 비트코인 규제

2017년 가을, 비트코인 가격이 폭등을 하면서 가상화폐, 암호화폐 투기 붐이 시작되었다. 비트코인은 원래 2009년에 처음 나왔다. 이후 가격이 계속 올랐지만 일반인들은 비트코인에 대해 잘 알지 못했다. 2014년 비트코인이 100만 원을 넘었을 때 잠깐 사람들에게 알려지기는 했지만 아직 아는 사람들만 아는 수준이었다. 2017년 1월에도 비트코인은 100만 원 수준이었다. 그런데 2017년 여름부터 비트코인 가격이 본격적으로 오르기 시작했다. 2017년 5월에 300만원을 넘어서고, 2017년 10월에 600만 원이 넘었다. 이렇게 비트코인 가격이 1년 사이에 몇 배가 오르면서 비트코인이 사람들에게 엄청난 관심을 받았다.

이때 가격이 오른 것은 비트코인만이 아니다. 모든 암호화폐들이 모두 폭등했다. 이더리움, 리플, 비트코인 캐쉬 등 여러 암호화폐들이 비트코인과 같이 폭등했고, 또 여러 암호화폐들이 출시되었다. 이 암호화폐는 블록체인을 바탕으로 한다. 블록체인과 암호화폐가 앞으로의 미래를 결정짓는 주요한 기술로 받아들여졌고, 그런 기대감 속에서 암호화폐들이 폭등했다.

하지만 폭등이라고 해도 정도가 너무 심했다. 1월에 100만 원 하던 것이 10월에는 6백만 원으로 6배나 올랐다. 이렇게 폭등을 하면 뭐가 뒤따를까? 바로 투기다. 그동안 비트코인에 대해 전혀 모르던 사람들, 암호화폐나 블록체인이 무엇인지 모르던 사람들도 이 시장에 들어와 비트코인과 암호화폐를 사기 시작했다. 이런 현상은 한국에서만 일어난 것이 아니다. 암호화폐는 국적이 없고, 그래서 전 세계적으로 거래된다. 비트코인 가격 상승은 전 세계적으로 일어난 현상이었고, 전 세계적으로 비트코인 투기가 본격적으로 시작되었다.

비트코인은 엄청난 사회적 이슈가 되었다. 인터넷이 비트코인 이야기로 도배되는 것은 물론이고, TV에서도 언론에서도 비트코인 이야기를 했다. 비트코인이 700만 원을 넘었다, 800만 원을 넘었다, 1000만 원을 넘었다는 소식이 TV 뉴스에 계속 소개되었다. 암호화폐에 투자하는 사람도 300만 명이 넘었다.

비트코인에 대해 투기 열풍이 불자 정부가 나섰다. 2017년 10월부터 비트코인 가격 상승을 막기 위한 규제들이 나오기 시작했다. 10월, 정부는 비트코인을 사기 위한 해외 송금을 금지했다. 비트코인은 국내에서 생산되는 것이 아니어서, 비트코인을 구하기 위해서는 해외에 돈을 주고 사와야 한다. 한국에서 해외에 돈을 보낼 때는 그냥 자기 맘대로 보낼 수가 없다. 그 이유가 무엇인지를 밝혀야 한다. 이때 암호화폐를 사기 위해서 돈을 보낸다고 하면 보낼 수 없게 했다. 해외로부터 비트코인을 구매할 수 없게 한 것이다.

또 외국인들이 한국에서 비트코인 거래소를 이용하는 것을 금지했다. 비트코인 거래소는 그동안 누구나 쉽게 회원으로 등록해서 거래할 수 있었다. 하지만 이때부터는 외국인이 한국의 비트코인 거래소에서 사고팔고 하는 것을 금지했다. 비트코인에 대한 거래를 줄여서 투기적 거래를 막으려고 한 것이다.

결과는 어떻게 되었을까? 한국에서 비트코인 가격은 더 폭등했다. 한국에서 비트코인 가격은 계속해서 오르기만 했고, 2017년 12월 8일에는 2000만 원이 넘어섰다. 해를 넘겨 2018년 1월에는 2400만원이 넘었다.

이때의 비트코인 가격 폭등은 한국만이 아니라 세계적인 현상이었다. 하지만 한국은 세계의 일반적인 가격보다 훨씬 높았다. 원래 비트코인은 원유처럼 세계적으로 유통되는 단일 상품이다. 그래서 전 세계적으로 가격이 같은 것이 원칙이다. 사고팔고 하는데 드는 거래 비용이 국가와 거래소마다 차이가 있기 때문에 그에 따른 가격 차이가 좀 있을 뿐이지 기본적으로 같은 가격대다. 그런데 이때 한국의 비트코인 가격은 세계 가격보다 월등히 높았다. 2017년 11월만 해도 세계 비트코인 가격과 국내 비트코인 가격과는 3% 정도 차이였다.

이 정도도 국제 상품에서는 차이가 좀 있는 편이다. 그런데 12월에는 한국의 비트코인이 세계 가격보다 25% 정도가 높아졌다. 2018년 1월에는 한국 비트코인이 세계 가격보다 50%가 높아졌다. 이런 차이를 김치 프리미엄이라고 불렀었다.

이때 비트코인 최고 가격은 달러 기준으로 19,300달러까지 갔다. 세계적으로는 12월 중순에 최고치를 찍었다. 하지만 한국은 2018년 1월에 최고치를 찍었다. 2400만 원이 넘었다. 세계 가격은 하락 추세로 돌아섰는데 한국은 계속 최고치를 경신하고 있었다. 비트코인 가격이 계속 최고치를 경신하니, 사람들은 점점 더 비트코인에 빠져들었다. 2017년 1월에 100만 원만 하던 것이 1년 사이에 20배가 넘었으니 그럴 만도 했다.

그런데 왜 이때 한국 비트코인이 세계 기준 가격보다 훨씬 더 높았을까? 다른 나라에서는 비트코인 가격이 떨어지기 시작했는데, 왜 한국에서는 계속 올랐을까? 다른 나라에서는 투기 열풍이 줄어들기 시작했는데, 왜 한국은 계속해서 사람들이 몰려들면서 세계 최고가를 형성했을까?

한국의 비트코인 가격이 다른 나라보다 훨씬 높았던 이유는 바로 한국의 비트코인 규제 때문이었다. 비트코인 같은 국제 거래 상품은 어느 한 나라의 가격이 비쌀 수 없다. A국의 가격이 비싸면 B국에서 물건을 들여와 A국에서 판다. 그러면 A국의 가격이 떨어진다.

한국에서 비트코인의 가격이 더 오른다. 그때 다른 나라에서 비트코인을 사다가 한국에서 팔면 한국의 비트코인 가격이 올라가지 않는다. 하지만 한국은 한국인이 외국에서 비트코인을 사는 것을 금지했다. 비트코인을 사기 위해 외국에 송금하는 것을 금지했고, 그래서 외국의 비트코인을 국내로 사들여올 수가 없었다.

한국인이 외국에서 비트코인을 살 수 없으면, 외국인이 비트코인을 한국으로 들여오면 된다. 하지만 이것도 금지되었다. 외국인은 한국에서 비트코인을 거래할 수 없게 했다. 세계에서 거래되는 비트코인은 한국에 들어올 수 없었고, 그래서 한국의 비트코인 가격은 세계 시장 가격보다 훨씬 비싸졌다.

비트코인 구매를 위한 해외 송금 금지, 외국인 비트코인 거래 금지는 비트코인에 대한 투기를 막기 위해 내린 조치였다. 그런데 이런 조치로 인해 한국의 비트코인 가격은 해외보다 훨씬 더 올랐고, 그 오른 가격 때문에 투기꾼들이 더 몰려들었다. 가격을 낮추고, 투기를 막기 위한 규제가 오히려 더 가격을 올리고 투기를 활성화시킨 사례가 되었다.

**5장**                    **선의의 피해자들**

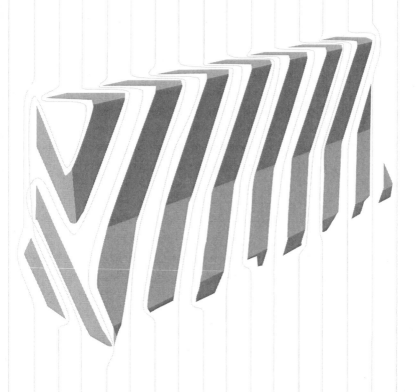

현재 자사고, 외고 등 고교 입시에는 사회통합전형이 있다. 저소득층 자녀 등 사회취약계층도 자사고, 외고에 들어갈 수 있는 기회를 주기 위해서 만들어진 전형이다. 자사고, 외고는 중학교 때부터 우수한 성적을 올려야 들어갈 수 있는데, 아무래도 이른 시기부터 고교 입시에 투자할 수 있는 집 자녀들이 들어갈 확률이 높다. 사회통합전형은 저소득층에서 성적이 좀 낮더라도 자사고, 외고에 들어갈 길을 만들어주려는 정책이다. 사회취약층 자녀를 위해 만든 규제로 볼 수 있다.

그런데 사회취약층 자녀들이 이런 식으로 자사고, 외고로 들어가면 과연 행복해할까? 일반적인 전형을 통해 입학한 학생들은 사회통합전형으로 들어온 학생들을 반긴다. 보통 이 전형으로 들어온 학생들의 내신 성적이 평균보다 낮은 경우가 많기 때문이다. 학생들 말로 내신을 '깔아주는' 것이다. 만약 일반 전형을 통해 들어온 학생들끼리 경쟁한다면 내신 때문에 스트레스를 많이 받을 텐데, 자신들의 아래에서 사회취약계층 학생들이 낮은 내신 성적을 받기 때문에 불만이 없다. 요즘 대학 입시에서는 내신이 중요한 역할을 한다. 그런 만큼 내신 바닥을 지탱하고 있는 사회취약계층 학생들은 대학에 들어가기가 요원해진다.

사회취약층도 자사고, 외고에 들어갈 수 있게 해준다고 하지만, 결국 이들은 낮은 내신으로 대학에 들어가기 힘들어지는 피해자가 된다. 규제의 의도는 좋았는데, 사회통합전형 학생들은 규제로 인해 이익을 얻기보다 더 큰 피해를 본다. 잘못된 규제는 이런 식으로 선의의 피해자를 만들어낸다. 이런 규제의 역설 사례를 살펴보자.

# 최고의 전문가도 떨어지는 경직된 임용 규정

이제 한국에서 법조인이 될 수 있는 방법은 일단 로스쿨을 졸업하는 것이다. 이전 사법고시 시스템이 로스쿨로 변화했는데, 현재 25개 학교에서 로스쿨을 운영하고 있다. 로스쿨이 좋은 로스쿨이 되기 위해서는 학생들이 변호사 시험에 많이 붙어야 한다. 그리고 변호사가 된 후 업계에서 실력이 있다고 인정받아야 한다. 어떤 로스쿨을 졸업했는데 그 졸업생들이 대부분 변호사가 되지도 못하고 변호사가 되어도 실력이 없다고 평가받으면 그 로스쿨의 경쟁력은 없어질 것이다.

변호사 시험에 잘 붙고 실력 있는 변호사가 되기 위해서는 로스쿨에서 교육을 잘 받아야 한다. 그래서 로스쿨은 실력 있는 교수를 채용하려고 하는데, 실력 있는 교수가 아니라 친한 사람, 이해관계가 있는 사람을 교수로 채용할 수도 있다. 이렇게 실력이 없고 자질이 부족한 사람이 로스쿨 교수가 되면 로스쿨 학교도 문제가 되지만 로스쿨 시스템 자체에도 문제가 생길 수 있다. 그래서 로스쿨 평가위원회에서는 각 로스쿨에서 어떤 교수를 채용하는지를 두고 점수를 매긴다. 실력 있고 우수한 교수를 채용하면 높은 점수를 주고, 실력이 부족한 교수를 채용하면 낮은 점수를 준다. 낮은 점수를 받으면 로스쿨 인가를 취소할 수 있다. 각 로스쿨에서 자질 미달의 교수를 뽑지 말고 제대로 실력 있는 교수만 뽑으라는 의도다.

그러면 어떤 교수가 실력이 있는 교수일까? 한국에서 그 기준점 하나는 논문 실적이다. 일정 수준 이상의 논문 실적이 있는 교수를 채용하면 점수를 주고, 논문 실적이 부족한 교수를 채용하면 낮은 점수를 준다. 이외에 교육 경력, 실무 경력에 대해서도 점수화를 한다. 논문, 실무, 교육 등 여러 측면에서 아무 문제가 없는 우수한 사람을 교수로 뽑게 하는 것이다. 이런 사람을 뽑으면 로스쿨 평가에서 좋은 점수를 주고, 이 기준에 충족되지 못한 사람을 교수로 채용하면 낮은 점수를 주어 로스쿨에서 탈락할 수 있게 했다.

2016년, 당시 권오곤 국제법연구소장이 모 로스쿨 교수로 가기로 했다. 권오곤 연구소장은 1979년에 판사로 임용되어 법조계에서 일한 지 30년이 넘었다. 다른 누구보다도 오랜 실무 경력을 가지고 있었다. 그리고 무엇보다 유고전범국제재판소ICTY에서 15년 간 재판관을 지냈다. 한국에서 국제재판소 경험을 가진 사람은 거의 없다. 그런데 권오곤 소장은 국제재판소에서 15년 동안 실무 경험을 쌓았다. 국제 재판과 관련해서는 누구 하나 토를 달 수 없는 국내 최고의 전문가였다. 이런 경험을 살려 국제형사법 강의를 맡기로 했다. 국내에 드문 국제 재판 전문가로 10년 넘게 지낸 사람이 국제형사법 과목을 가르치니, 이 과목에 이만큼 적합한 교수는 없었다.

하지만 권오곤 연구소장은 이때 교수로 채용되지 못했다. 로스쿨 평가위원회가 만든 규정이 문제였다. 교수는 논문 등 연구 실적이 있어야 하고, 이 연구 실적이 5년간 150점이 넘어야 교수로 채용될 수 있었다. 그래야 로스쿨 평가에서 점수가 깎이지 않는다. 그런데 권오곤 연구소장의 당시 연구 실적은 80점이었다. 점수가 기준 점수에서 미달이라 교수로 채용하면 로스쿨 평가 점수가 깎인다. 해당 로스쿨 측으로서는 치명적이다. 국제재판소 재판관으로 오래 경험을 쌓은 권오곤 연구소장이 국제형사 부분의 최고 전문가라는 것은 법조계에 있는 사람 누구나 다 인정했다. 하지만 연구 실적이 부족했다. 결국 권오곤 연구소장은 교수로 채용되지 못한다.

아무리 실무 경험이 있다고 해도 실무와 연구는 다른 영역이고, 교수가 되려면 실무 경험보다 연구 실적이 더 중요한 것이 아니냐고 반문할 수도 있다. 아무리 실무에서 훌륭한 실적이 있다고 해도 연구 실적이 부족하면 교수가 될 수 없는 것이 당연하다고 말이다. 다른 분야라면 이런 비판도 일리가 있다. 하지만 로스쿨은 아니다. 로스쿨은 이론을 공부하는 곳이 아니라, 법에 대한 실무를 공부하는 곳이다. 법이론을 주로 공부하는 곳은 법과대학 박사과정이지 로스쿨이 아니다. 로스쿨은 법에 대한 실무 능력을 배우는 곳이고, 그래서 이론적인 능력보다 실무적인 능력이 더 높은 평가를 받아야 하는 곳이다.

그리고 무엇보다 이때 로스쿨 평가위원회의 평가 기준은 독자적으로 로스쿨에 적합하게 만든 기준이 아니었다. 교육부의 법학교육위원회의 논문 평가 기준을 그대로 가져온 것이었다. 연구 위주의 법학교육위원회의 논문 평가 기준을, 실무 위주의 로스쿨 평가위원회의 기준으로 바꾸었다. 그리고 그 기준에 따라 국제재판소 재판관에 대해 교수로서 부적합하다고 판정한 것이었다. 기준을 만들 때부터 잘못 만든 것이었고, 그 잘못된 기준을 그대로 적용하다 보니 한국에서 국제 재판 최고의 전문가가 국제형사를 가르치지 못하게 되는 결과가 나온 것이었다.

물론 교수를 평가할 때 논문 실적을 살피는 것은 충분히 이해할 수 있다. 하지만 논문 실적이 교수를 평가하는 유일무이한 기준은 아니다. 미국 대학들은 한국보다 훨씬 더 논문에 대해 중요시한다. 하지만 논문만으로 교수를 평가하지는 않는다. 하버드 경영대학원의 경우 교수를 3가지 유형으로 구분한다. 하나는 논문 등 연구 실적이 뛰어난 교수다. 또 다른 하나는 유명한 교수다. 대표적인 경우가 마이클 포터다. 마이클 포터는 경쟁 전략 등 책을 써서 세계적으로 유명한 경영전략 석학이 되었다. 논문 실적은 별로 없지만, 이 유명세를 바탕으로 하버드 경영대학원 교수를 계속 맡고 있다. 다른 하나는 실무 경험이 뛰어난 교수다. 실제 기업 현실과 업무에 대해 경험이 있어 학생들에게 기업 실무를 잘 전달시켜줄 수 있는 사람도 훌륭한 교수로 인정받는다. 즉, 미국 대학의 경우는 아무리 논문이 중요하다고 해도 한편으로 융통성을 가지고 있다. 논문 이외에 다른 측면에서 충분한 기여도가 인정되면 그것을 수용한다. 자타가 인정하는 그 분야 석학을 최근 논문 실적이 부족하다는 이유로 내치지는 않는다.

그런데 한국에서는 다른 어떤 것보다 논문이 중요했다. 하지만 처음으로 돌아가 생각해보자. 로스쿨 평가위원회의 규정이 정말로 논문 그 자체가 제일 중요하다고 생각해서 그렇게 만든 것일까? 로스쿨 평가위원회가 규정을 정한 것은 보다 우수한 사람을 교수로 채용하도록 하기 위한 것이었다. 그러다 보니 자격 미달의 사람과 우수한 사람을 어떻게 구분할까 하는 문제에 맞닥뜨렸고, 그때 기준으로 생각한 것이 논문 실적 150점 이상인 사람이었다. 로스쿨 평가위원회가 논문 실적 규정을 만든 것은 실력이 있는 우수한 사람을 교수로 채용하려는 것이 목적이지, 논문 실적 150점 그 자체가 목적이 아니었다. 논문 실적 150점은 단지 실력이 있는지 없는지를 구분하기 위한 세부적인 기준이었을 뿐이다.

권오곤 연구소장은 이 분야 최고의 전문가라고 누구나 인정했음에도 논문 실적 150점의 기준 때문에 교수로 임용되지 못했다. 실력 있는 사람을 뽑으라고 만든 규정이 오히려 실력 있는 사람이 교수가 되는 것을 막았다. 규정의 목적을 생각하지 않고 규정 자체에만 매달리는 것, 규정이 나오게 된 배경과 취지를 고려하지 않고 규정을 준수하는 것만을 고집하는 것, 그것이 규제의 역설을 만들어낸다.

# 산학 협력을 막는 산학협력법

한국의 모든 대학에는 산학협력단이 있다. 학교와 산업체와의 관계를 원활히 하는 것을 목적으로 하는 기관이다. 대학은 지식의 보고라고 하지만, 실제 산업 활동에서 사용되는 지식과는 차이가 있을 수 있다. 그래서 대학은 산업체와의 교류를 통해서 실제 산업에 이용되는 지식에 대한 정보를 얻는다. 또 대학이 가지고 있는 지식이 대학에서만 머물지 않고, 산업체에서 활용될 수 있는 역할도 맡는다.

대학은 새로운 지식을 발견하는 것이 주요한 목적이다. 산업 측면에서는 현재보다 더 나은 기술을 개발하려고 한다. 그런데 이렇게 개발한 기술을 그냥 대학에서만 가지고 있으면 별로 의미가 없다. 기술을 이용해서 뭔가 새로운 제품을 개발하거나 개선해야 한다. 하지만 대학에서는 제품을 개발할 수 없다. 제품 개발은 기업의 영역이다. 교수도 신기술을 개발하는 것은 괜찮지만, 그 기술을 이용해서 제품을 개발하는 것은 허용되지 않는다. 혹시 제품을 개발하더라도 판매해서는 안 된다. 대학은 기본적으로 영리 활동을 하지 못하도록 되어 있기 때문이다. 대학 교수는 다른 데서 돈을 버는 것이 금지되어 있다. 신제품을 직접 만들어 팔아서 수익을 얻으면 징계 대상이 된다. 대학과 교수가 돈벌이에 신경 쓰는 것을 막기 위한 조치다.

그러면 대학이 어렵게 기술을 개발해도 쓸 데가 없다. 쓸 데가 없으니 기술을 개발할 필요도 없어진다. 산업 분야에서는 기술을 사용하려 해도 대학이 특허를 가지고 있으니 사용이 어렵다. 대학이 특허권을 포기하고 기술을 공개하면 되지만, 힘들게 개발한 기술을 그냥 무료로 배포하려는 사람은 별로 없다.

그래서 만들어진 것이 산학협력법이다. 대학은 기술을 개발하되 그 기술을 가지고 사업은 할 수 없는 것이 원칙이다. 하지만 이러면 대학이 기술을 개발할 동기도 없고 사회적으로도 손실이다. 대학에서 개발한 기술을 가지고 기업을 만들어 기업 활동을 할 수 있도록 해줄 필요가 있다. 그래서 학교에 산학연 협력 기술지주회사가 만들어진다. 산학연 협력 기술지주회사는 학교가 보유하고 있는 기술을 사업화하기 위해 다른 기업체를 보유할 수 있도록 하는 제도다. 이 경우에는 학교가 개발한 기술을 실용화하기 위한 기업체 설립을 인정한다. 학교의 기술과 기업체의 산업 활동을 서로 연계시키려는 것이 목적이다.

산학연 협력 기술지주회사는 학교가 대주주다. 여기에서 학교 기술을 이용하는 기업체를 설립하거나, 아니면 학교 기술을 이용하려는 기업체에게 기술을 주고 대신 주식을 받는다. 기술을 개발한 대학 측에서 그 기술을 활용하려는 기업의 대주주가 되는 것이다. 이러면 대학과 산업체와의 교류를 증진시킬 수 있다.

대학이 대주주로 있으면 산업체와 계속 교류가 이루어질 수 있다. 하지만 대학이 주식을 보유하기는 하지만 소수 지분만 가지고 있으면 어떻게 될까? 소액 주주는 그냥 명목상으로만 산업체와 연계될 뿐이지 실제 교류가 없을 수 있다. 그래서 산학협력법은 대학의 기술지주회사가 기업체에 대해 어느 정도 지분을 가지고 있어야 하는가를 규정했다. 기술지주회사는 자회사의 의결권 있는 주식의 20% 이상을 보유해야 한다(산학협력법 제36조4). 주식을 20% 이상 보유하지 못하게 되면 5년 이내에 그 주식을 모두 팔아야 한다. 실제 그 회사의 경영권에 영향을 미칠 수 있는 경우에만 그 회사의 주식을 가지고 있을 수 있고, 경영권에 영향을 미칠 수 없을 정도로 소수 지분만 가지고 있게 되면 그 회사에서 손을 떼라는 뜻이다. 계속 산학협력이 이루어질 수 있게, 계속 대학 기술지주회사가 그 회사에 영향을 미칠 수 있게 20% 이상의 지분을 가지고 있어야 한다.

얼핏 보면 서로 이익을 보는 합리적인 조치처럼 보인다. 하지만 문제가 있다. 이 규제의 문제점은 무엇일까? 처음 태어난 신생 기업의 경우에는 기술을 제공한 기술지주회사가 20% 이상 주식을 보유하는 게 그리 어려운 일이 아니다. 그런데 정말 기술이 좋아서 그 회사가 성장해 나갈 경우, 20% 이상의 주식을 보유하는 것은 쉽지 않은 문제다.

처음에 1억 원 자본금으로 회사를 만들었다고 하자. 이때는 2천만 원만 투자하면 그 회사 주식의 20%를 소유할 수 있다. 하지만 그 회사의 기술이나 상품이 시장에서 좋은 평가를 받고 성장 가능성을 인정받으면, 그 회사는 투자를 더 받아서 회사를 키우려고 한다. 벤처 투자가가 나서서 10억 원 투자를 하면 2억 원을 투자해야 20% 지분이 유지된다. 이렇게 투자를 받을 때마다 돈을 더 집어넣지 않으면 지주회사의 지분 비율은 점점 줄어든다. 대학이 2억 원을 투자하면 20% 지분을 유지할 수 있지만, 돈을 더 넣지 않으면 대학의 투자금은 2000만 원으로 지분율이 2%로 준다.

CEO나 일반 투자자의 경우 이렇게 지분이 준다고 해서 큰 문제가 되는 것은 아니다. 자기 지분은 줄어도 경영권은 그대로 가지고 있다. 삼성 이건희 가족 전체도 삼성 주식의 2% 정도만 가지고 있을 뿐이다. 대기업 총수는 대부분 5% 내외의 주식으로 재벌 그룹 전체를 지배한다. 중소기업이라면 몰라도 대기업에서는 아무리 창업자고 대주주라 하더라도 20% 이상 지분을 보유한 경우는 거의 없다.

일반적으로 창업자나 기존 대주주가 20% 이하로 지분이 떨어지는 것은 큰 문제가 안 된다. 하지만 대학 기술지주회사는 그렇지 않다. 산학협력법에서 20% 이하로 지분이 떨어지면 모두 팔도록 하기 때문이다. 기업이 기술력과 성장력을 인정받아 다른 투자자로부터 계속 투자금을 받으면, 대학 기술지주회사는 그 기업의 지분을 팔고 빠져나와야 한다. 대학 기술지주회사도 계속해서 투자금을 올리면 되지 않을까? 대학에서는 향후 수익성이 불확실한데 계속 투자금을 넣는 것은 불가능하다. 수익성이 확실할 경우에는 분명히 영리 추구가 되는 것이기에 또 제대로 돈을 집어넣을 수 없다.

역설적으로 회사가 별 볼 일 없어서 성장하지 못하면 괜찮다. 그러면 20% 이상의 지분을 계속 보유하면서 지주회사로 있을 수 있다. 하지만 기술이 정말로 시장에서 가능성이 있고 사업화가 진행되면 기업은 성장을 위한 경로를 밟을 수밖에 없다. 기업의 성장 과정에서 20% 지분을 유지하는 것은 불가능하고, 그 회사에서 빠져나와야한다.

회사가 특별한 게 없어서 산학협력도 별 의미가 없는 경우에는 산학협력을 할 수 있다. 하지만 회사가 발전하고 성장해서 산학협력이 정말로 의미가 있게 될 때는 더 이상 그 회사와 산학협력을 하면안 된다. 산학협력을 증진시키기 위한 제도인데, 실질적으로 의미있는 산학협력을 막는 제도가 되어 버렸다.

2020년 1월, 서울대 기술지주회사의 자회사였던 AI 스타트업 기업 수아랩이 미국 기업에 매각되었다. 무려 2300억 원에 팔렸다. 서울대 기술지주회사는 2015년에 이 회사에 1억 원을 투자했었다. 하지만 20% 룰 때문에 2017년까지 모두 매각했다. 20% 룰이 지켜지는 한 국제적으로 경쟁력을 가질 만한 좋은 기술회사에는 투자할 수 없다. 성장 가능성이 없는 소소한 기업들에만 투자할 수 있을 뿐이다.

　이것이 사회적으로 문제가 되자 정부 측에서 이에 대해 보완책을 마련했다. 지분 20%가 아니라 지분 10%만 보유해도 되는 것으로, 20%에서 10%로 줄이는 규제 개혁이다. 그런데 20%에서 10%로 낮추기만 하면 문제가 해결될까? 성공적인 스타트업이라면 10% 지분을 유지하는 것도 불가능하다. 100억 자본 기업이 되면 10억 원을 투자해야 되는데, 어차피 대학에서는 실행하기 힘들다.

　기술지주회사의 20% 룰은 대학과 산업체와의 관계를 튼튼히 하고 실익을 얻기 위해서 만든 규칙이다. 하지만 이 규칙은 정말로 좋은 기업체와 대학과의 관계를 끊어버리게 하고 있다. 별 의미 없는 기업과 대학과의 관계만 유지하도록 한다. 규제의 역설적인 효과다.

# 정부 지침을 지키면 불리해지는 공정력 제도

정부나 지자체가 시행하는 규제가 잘 지켜지려면 전제가 있다. 규제를 잘 따르면 그에 상응해 보상을 받고 규제를 따르지 않을 경우 불이익을 받아야 한다. 이것이 상식이다. 2012년 대형마트 의무휴업제 도입 당시 코스트코의 경험은 그런 상식과 반대였다.

2012년 1월, 정부는 대규모점포와 준대규모점포의 영업시간을 제한하고, 의무휴업을 지정하는 '유통산업발전법 개정안'을 발표했다. 그리고 각 지자체들은 이 법에 의거해 조례를 만들고 해당 지역에 있는 대형마트들에게 한 달에 두 번 의무적으로 휴업을 하도록 했다.

분명히 의무휴업 규제가 시행됐지만 반응은 예상과 달랐다. 대형마트들이 지자체의 규제에 따라 바로 의무휴업을 실시하지 않았던 것이다. 당시 지자체들의 대형마트 규제에는 애매한 지점이 있었다. 유통산업발전법에서는 지자체들이 각 지자체 사정에 따라 "영업시간 제한, 의무휴업 지정을 할 수 있다"라고 규정되어 있었다. 그런데 지자체 조례에서는 "영업시간을 제한하고 의무휴업일을 지정해야 한다"라고 되어 있었다. 법안에서는 분명 '지자체 사정에 따라 해도 되고 안 해도 되는 것'으로 되어 있는데, 이게 지자체 조례로 오면서 '반드시 해야 한다'로 바뀐 것이다. 대형마트들은 지자체와의 사이에 협의나 조정이 불가능하고 일방적인 조치라고 받아들이면서 반발하기 시작했다. 한 달에 두 번 의무적으로 휴업을 하라는 규제가 위법하다며 행정소송을 제기한 것이다.

그런데 이때 대부분의 대형마트들이 규제에 반발해 소송을 제기했는데, 코스트코는 여기에 동참하지 않았다. 코스트코는 지자체의 의무휴업 규제에 대해 토를 달지 않고, 한 달에 두 번 의무휴업을 실시했다. 2012년 6월, 행정소송 결과가 나왔다. 지자체의 대형마트 규제가 위법하다는 판결이었다. 지자체 조례가 유통산업발전법보다 더 강력한 규제 조항을 두는 것은 위법이라는 것이었다. 위법으로 판결되면서 조례는 더 이상 효력을 가지지 못했다. 대형마트들은 의무휴업일 없이 영업을 하기 시작했다.

여기서 문제가 꼬이기 시작한다. 대형마트에 대한 의무휴업 규제는 위법으로 판결났다. 그래서 코스트코도 다시 예전처럼 의무휴업일 없이 영업을 시작했다. 하지만 똑같이 의무휴업일 없이 영업을 하는 건데 다른 대형마트들은 상관없지만, 코스트코는 위법이라고 했다. 서울시는 코스트코가 휴무일 영업을 재개하자 1개 점포당 과태료 1000만 원을 부과하고, 코스트코에 대해 행정조사 등을 실시하여 영업정지를 부과하려고도 했다. 언론도 정부 규제를 무시하는 코스트코를 비난하는 기사들로 도배되었다. 다른 대형마트들은 휴일 영업을 해도 괜찮았는데, 왜 코스트코만 휴일 영업을 하는 게 문제였을까? 지자체의 휴일 영업금지 조례는 위법으로 판결이 났는데, 왜 코스트코가 휴일 영업을 하는 것만 문제가 되었을까?

코스트코의 휴일 영업이 위법이 된 것은 소위 '공정력' 때문이었다. 한국의 행정소송법은 행정행위, 행정 규제의 공정력을 인정하고 있다. 공정력은 쉽게 말하면 이런 것이다.

> "정부가 규제를 했을 때 당사자가 이에 대해 이의를 제기하지 않으면, 설사 그 규제에 문제가 있다 하더라도 그 규제는 정당한 것으로 본다."

정부 규제에 대해서 그냥 받아들이지 않고 이의를 제기하면, 나중에 그 규제에 문제가 있다고 밝혀졌을 때 그 규제는 집행되지 않는다. 하지만 정부 규제에 대해 그냥 받아들이고 이의를 제기하지 않으면, 나중에 그 규제에 문제가 있다고 밝혀져도 그 규제는 그대로 집행된다.

다른 대형마트들은 지자체의 의무휴업 규제에 대해 반발했고, 소송을 제기했다. 알고 보니 의무휴업 규제는 정말로 절차상 문제가 있었고, 그래서 의무휴업 규제는 취소되었다. 대형마트들은 그 의무휴업 규제를 더 이상 지키지 않아도 된다.

그런데 코스트코는 지자체의 의무휴업 규제에 대해 반발하지 않았다. 그대로 규제를 받아들이고 소송을 제기하지 않았다. 의무휴업 규제는 나중에 문제가 있다고 해서 취소 판결이 났다. 하지만 코스트코는 이 규제에 대해 처음에 토를 달지 않았기 때문에, 이 규제를 그대로 지켜야 한다. 보통 사람의 상식으로 보기엔 이상하지만, 원칙이 그렇게 되어 있다. 의무휴업 규제는 문제가 있는 조치라고 판결이 났지만, 어쨌든 코스트코는 이 규제를 따라야 한다. 정부 규제에 대해 반발을 한 대형마트들은 더 이상 규제를 지키지 않아도 되지만, 애초에 정부 규제를 그대로 수용한 코스트코는 이 규제를 계속 지켜야 하는 것이다.

이 공정력은 다른 행정규제에도 모두 동일하게 적용된다. 예를 들어, 세금이 예상보다 너무 많이 나온 일이 일어났다. 세금이 이상하게 나왔다고 국세청에 신고하고 소송을 제기한 사람은 나중에 구제를 받을 수 있다. 하지만 '정부가 하는 일이니 맞겠지' 하고 그냥 세금을 낸 사람은 나중에 구제를 받을 수 없다. 높은 세금에 반발한 사람은 자기 돈을 찾을 수 있고, 반발하지 않은 사람은 자기 돈을 찾을 수 없다.

이런 공정력은 행정규제, 행정행위에서만 인정된다. 다른 영역에서는 인정되지 않는다. 민간 부분에서는 기업의 조치가 법원에 의해 취소되면, 그 취소는 다른 모든 사람에게 적용된다. 가령 항공사가 고객들에게 실수로 높은 가격에 항공권을 팔았다고 해보자. 어떤 사람이 항공권 가격이 이상하다고 소송을 제기하고, 정말로 항공권 가격에 이상이 있다고 판결이 나면 항공사는 모든 고객들에게 잘못 부과된 금액을 돌려주어야 한다. 소송을 제기한 사람이나 소송을 제기하지 않은 사람이나 모든 사람들에게 다 잘못 부과된 금액을 반환한다. 이건 상식적으로 봐도 당연한 일이다.

하지만 이 당연한 일이 정부의 행정규제, 행정행위에는 적용되지 않는다. 정부는 이런 경우 소송을 제기한 사람에게만 대응 조치를 취한다. 설사 요금이 잘못 부과되었다 하더라도 소송을 제기하지 않은 사람들에게는 반환할 의무가 없다.

코스트코는 상식적인 기업이었다. 외국에서 영업을 하면서 해당 국가의 법규를 잘 지키려고 노력하는 기업이다. 외국에서 문제없이 영업을 계속하려면 그럴 수밖에 없을 것이다. 그래서 코스트코는 지자체의 의무휴업 규제에 대해 별다른 반발을 드러내지 않고 규제를 수용했다.

코스트코는 이렇게 정부 규제를 잘 따랐기 때문에 손해를 보았다. 의무휴업 규제가 문제가 있다고 판결이 난 후, 규제에 대해 반발한 다른 대형마트들은 이제 더 이상 의무휴업을 하지 않아도 되었지만, 규제에 순응한 코스트코는 계속해서 의무휴업을 해야 했다.

코스트코의 잘못은 무엇이었을까? 지자체의 규제에 반발하지 않고 그냥 받아들인 것이 문제였다. 다른 대형마트들처럼 반발하고 소송을 제기해야 했다. 규제에 대해 반발하면 나중에 구제될 수 있다. 하지만 규제에 대해 그냥 수용하면 구제될 수 없다. 공정력 제도는 규제에 순응하면 오히려 불리해지는 역설을 만들어낸다.

# 빠져서 이득 본 대학 평가와 구조조정

2015년, 교육부가 대학 구조조정 계획을 발표했다. 대학 구조조정은 모든 대학들을 평가해서 그 결과에 따라 대학 입학생 수를 조정하도록 한 것이다. 표면적으로는 각 대학을 특성화해서 대학의 경쟁력을 높이는 것이 구조조정의 목적이다.

한국 대학들은 대체로 구성이 비슷해서 어느 대학이나 다 비슷한 학과를 가지고 있다. 학교들의 경쟁력 차이는 있지만 학과에 따른 경쟁력 차이는 별로 찾아볼 수 없다. 그래서 대학 구조조정에서는 각 대학이 자기 대학에 맞는 특성화 정책을 취해 특성화에 맞춘 해당 학과들의 경쟁력을 높이도록 한다. 특정 학과의 경쟁력이 높으면 입학생들이 그 학과를 찾아 해당 학교에 많이 지원을 할 것이고 자연스레 그 대학의 경쟁력이 높아질 수 있다.

이렇게 표면적으로는 대학의 특성화를 통해서 경쟁력을 높이는 것이지만, 실질적인 목적은 대학의 입학생 수를 조정하도록 한 것이었다. 특성화에 적합한 학과는 정원을 그대로 유지할 수 있지만, 특성화에 적합하지 않은 학과는 정원을 감축한다. 결국 대학이 특성화하지 않을 학과를 골라서, 그 과의 인원수를 줄이도록 하는 것이 주요 목적이었다.

교육부는 대학들을 평가해서 A, B, C, D, E로 등급을 매긴다. 그리고 그 결과에 따라 대학의 입학생 수를 조정한다. A를 받으면 정원을 줄이지 않아도 된다. B를 받으면 10% 정도 정원을 줄이도록 하고, C를 받으면 30%를 줄이도록 한다. D를 받으면 현재 정원의 50%를 감소하고 E를 받으면 퇴출이다. A를 받아도 정원을 늘릴 수는 없다. 단지 어느 정도의 비율로 정원을 감소시켜야 하는가만 정했다. 2015년에 이 평가를 수행했는데, 평가 결과에 따라 5년 사이에 10%–50%의 대학 입학생 정원을 감축하도록 했다.

그런데 대학은 학생들의 등록금으로 운영하는 곳이다. 입학생이 감소하면 대학도 운영이 힘들어진다. 원칙적으로 평가 등급 E가 퇴출이고, D는 퇴출되는 것이 아니라고 하지만 D를 받으면 정원 50%가 감소한다. 입학생 수가 반으로 줄면 대학 수입도 반으로 준다. 일반 기업으로 따지면 매출이 반으로 주는 것이다. 이 정도로 수입이 감소하면 대학은 시설을 유지하고 교직원들에게 월급을 주기가 어렵다. D를 받아도 실질적으로는 퇴출될 수밖에 없다.

정부가 이런 식의 대학 구조조정에 나서는 이유는 간단하다. 학생 수가 줄기 때문이다. 2015년 경 20대 초반의 연령별 인구는 1년에 70만 명 정도였다. 2010년 초반에 입학한 대학생들은 각 연도별 70만 명의 인구가 있다. 2015년의 경우 대학교 1학년 나이의 인구수는 699,677명이다. 70만 명 선이 무너지기는 했지만 그래도 70만 명으로 볼 수 있다.

하지만 2016년부터는 달라진다. 2016년에 대학을 입학하는 나이의 인구수는 68만 명이다. 2017년에 대학에 입학하는 나이가 되는 사람들은 65만 명, 2018년에 대학에 입학하는 나이의 인구수는 62만 명이다. 3년 사이에 거의 10만 명이 줄었다.

2020년 이후는 감소 추세가 더 급격하다. 2021년에 대학에 입학할 나이의 인구수는 52만 명이다. 그 이후는 40만 명대다. 10년도 안 되는 사이에 대학 입학 자원이 70만 명에서 40여만 명으로, 무려 35%나 감소한다. 더 중요한 건 이 수치는 대학 진학 연령대에 도달하는 사람들의 수일 뿐, 이들이 모두 대학에 진학하는 건 아니라는 점이다. 현재 한국의 대학 진학률은 70% 정도다.

특정 연령대의 인구 감소는 사회 각 부문에 많은 영향을 준다. 앞서 본 젊은 연령대의 인구수 감소 비율을 대입하면 지금 젊은이들을 대상으로 하는 사업 중 약 35% 정도는 사라질 수밖에 없을 것이다. 게임 인구도 감소할 수밖에 없고, 청(소)년 대상의 의류 산업도 어려워질 수밖에 없다. 심지어 분식집이나 헬스센터 같은 곳도 영향을 받을 것이다. 젊은 인구가 35%나 감소하는데, 이들을 대상으로 하는 사업들이 영향을 받지 않을 수 없다.

대학도 마찬가지다. 현재 전국의 대학 정원은 50만 명이 넘는다. 미달 사태가 나서 대학이 문을 닫는 것은 피할 수 없는 추세다. 지금 대학들 중에서 40% 정도는 망할 수밖에 없다. 대학들이 열심히 노력한다고 해서 막을 수 있는 일이 아니다. 학생 수가 감소하는 현상 앞에서는 어떻게 해볼 수가 없다.

그런 사정을 감안해 정부가 구조조정을 계획하고 발표했다. 입학생이 없어서 자연적으로 망하기 전에 그 대책을 세운 것이다. 학생 수가 감소하기 시작하는 2016년도부터 구조조정을 해서 망할 대학들을 미리 선정하고 그에 대한 준비를 하기 위해서였다.

구조조정을 하기 위해서는 먼저 교육부가 대학들을 평가해야 한다. 하지만 정부가 대학들을 일률적으로 평가해서 점수를 매기는 것은 인정되지 않는다. 정부는 정부부처, 공기업, 공공기관, 국공립대학을 평가하고 그 결과에 따라 조치를 취할 수는 있지만, 민간기업이나 사립대학에 대해서는 이런 식의 조치를 취할 수 없다. 그리고 한국의 대학은 대부분 사립대학이다. 사립대학을 정부가 평가해서 문을 닫아라 말아라 할 수는 없다.

그래서 정부는 당근과 채찍을 주었다. 대학이 자원해서 자발적으로 대학 평가를 받도록 했다. 대학 평가를 받으면 정원이 줄 가능성이 크지만, 그만큼 지원금을 준다. 하지만 대학 평가에 자원하지 않으면 앞으로 정부 사업 참여, 정부 지원금은 없다. 대학이 정부에 밉보이면 운영이 어려워진다. 그리고 대학이 정부 사업에 참여하는 것은 대학 예산에서 큰 비중을 차지한다. 대학 평가에 참여하면 그 결과에 따라 정원을 줄여야 하지만, 결국 대부분의 대학들은 이 대학 평가에 참여했다.

하지만 대학 평가에 참가하지 않은 몇몇 대학도 있었다. 이들은 정부에 밉보이더라도 상관하지 않겠다는 자세였다. 정부 지원금을 받지 않고 지금 이대로 지내겠다는 대학들이었다. 대학 평가에 참여하지 않으면 평가 결과도 받지 않을 것이고, 그러면 정원을 줄이지 않아도 된다. 교육부의 대학 구조조정 규제 정책을 대놓고 따르지 않은 학교들이다. 평가에 참여한 다른 대학에서는 이 과정에 참여하지 않는 학교들이 앞으로 어떤 불이익을 받게 될지 걱정했다.

2015년 대학 구조조정 평가가 이루어지고, 많은 대학이 평가 결과에 따라 대학 정원을 줄이기로 했다. 그런데 D, E를 받은 대학들이 강력히 반발했다. 대학만이 아니라 그 대학이 위치한 지역 사회, 지자체 등도 반대했다. 정부가 사립대학의 문을 사실상 닫으라고 강제하는 것이 과연 정당한가의 문제도 부각되었다. 결국 2019년이 되어 이 대학 구조조정 조치는 유야무야 되어 버린다. 대학 정원 조정은 각 대학이 자율적으로 조정할 수 있게 했다(대학 정원을 자율적으로 한다고 해서 늘릴 수 있는 것은 아니다. 이것은 엄격히 규제되고 있다. 정원 감축만 자율적으로 할 수 있을 뿐이다).

자, 그럼 정부의 대학 구조조정으로 대학들은 어떤 결과를 낳았을까? 정부의 대학 평가와 구조조정 계획에 따른 대학들은 모두 정원을 줄여야 했다. A를 받은 대학은 정원을 줄이지 않아도 되었지만, A를 받은 대학은 극소수였다. 사실 모든 대학이 B 이하로 정원을 줄여야 했다. 그리고 정원이 줄면서 감소한 등록금은 정부 지원금으로 보충하였다.

그런데 지원금은 영원히 주는 것이 아니었다. 처음 몇 해만 집행하는 것으로 2010년대 말이 되면 더 이상 정원 감축으로 인한 지원금은 없다. 정원은 줄었고, 등록금 수입도 줄었다.

대학 평가와 구조조정 계획에 참여하지 않은 대학이 있다. 이 대학들은 정원도 그대로고, 그래서 등록금 수입도 그대로다. 다른 대학들은 정원이 줄었지만, 이 대학은 정원이 줄지 않아 상대적으로 더 큰 대학이 되었다. 인원수도 많고 등록금 수입도 유지되니 오히려 경쟁력 있는 대학이란 평가를 받는다.

정부의 대학 구조조정 규제에 참여한 대학들은 학생 수나 재정 등에서 규모가 작아졌다. 줄어든 등록금 수입에 고민이 많다. 하지만 대학 구조조정 규제에 참여하지 않은 대학들은 규모를 그대로 유지하면서 상대적으로 더 나아졌다. 정부 규제에 따른 대학들은 어려워지고 정부 규제를 무시하고 따르지 않은 대학들은 나아졌다. 대학 구조조정 규제 정책의 역설이다.

# 파산자를 늘리는 고리대금 이자 규제

고리대금업자는 인상이 아주 나쁘게 박힌 직종 중의 하나다. 이들은 오래전부터 가난한 채무자를 괴롭히는 나쁜 사람들이었다. 은행에서 돈을 빌리면 연 5% 정도의 이자를 주면 된다. 그런데 고리대금업자는 연 30%, 50%의 이자를 받는다. 1,000만 원을 빌려주고 300만 원, 500만 원이 넘는 이자를 받아간다. 칼만 안 들었을 뿐이지 도둑놈과 마찬가지다. 고리대금업자에게 돈을 빌린 사람들은 이자 부담으로 괴로워하고, 돈을 벌어 고리대금업자에게 이자를 갚느라 고생한다. 가난한 사람들을 위해 고리대금업자가 높은 이자를 받지 못하게 해야 한다.

그래서 만들어진 규제가 이자제한에 대한 규제다. 이자제한법, 대부업법은 은행이나 대부업자가 받을 수 있는 최고 이자율을 규제하고 있다. 은행 등 금융기관은 연 24% 이자 제한이 있다. 그리고 대부업자는 그동안 27.9%의 이자 제한이 있었는데, 2019년부터는 24%로 최고 이자율이 낮아졌다. 이제는 대부업자도 연 24%까지만 이자를 받을 수 있다. 그 이상 이자를 받으면 불법이 되고 더 이상 대부업 사업을 할 수 없다. 고리대금업자에게 높은 이자를 부담하느라 고생하는 사람들의 부담을 낮추어주는 고마운 규제다.

한국의 24% 이자 제한은 전 세계에서 일본에 이어 2번째로 낮은 수치다. 일본은 최고이자율이 20%다. 일본은 전 세계에서 예금 등의 이자율이 낮기로 유명한 나라고, 그래서 대부업의 고리대금 이자율도 세계에서 가장 낮다. 그 일본에 이어 두 번째로 낮은 것이 한국의 24%다. 그럼 한국은 고리대금으로 고통을 받는 사람들을 줄이고자 하는 좋은 나라고, 다른 나라들은 고리대금에 고통 받는 사람들을 신경 쓰지 않는 나쁜 나라일까? 세상일은 그렇게 간단하지 않다. 많은 나라에서 대부업자들이 고리대금을 받는 것을 규제하지 않는 것은 그 이유가 있다. 고리대금 이자율을 무리하게 낮추면 정말 가난한 사람들이 더 어려워지기 때문이다.

일단 대부업자가 높은 이자를 받는다고 해서 정말로 대부업자의 수익률이 높은 것은 아니다. 일반 은행은 5%의 이자만 받아도 충분히 이익을 낸다. 그런데 대부업자는 20%가 넘는 이자를 받으니 엄청나게 폭리를 취하는 것 아닐까? 하지만 정말로 대부업이 연 20% 이상의 수익을 낸다면 모든 사업자들이 대부업을 하려고 몰려들 것이다. 은행도 은행을 하지 않고 대부업으로 나설 것이다. 대부업자가

20% 이상의 이자를 받는다고 해서 정말로 20% 이상의 이익을 내는 것은 아니다.

은행은 돈을 아무한테나 빌려주지 않는다. 엄격하게 심사를 해서 정말로 원금과 이자를 아무 문제없이 갚을 수 있다고 평가하는 사람에게만 돈을 빌려준다. 전 국민 중에서 은행에서 아무 문제없이 돈을 빌릴 수 있는 사람은 그렇게 많지 않다. 은행에서 돈을 빌릴 수 없는 사람들이 저축은행 같은 제2금융권에서 돈을 빌리고, 제2금융권에서도 돈을 빌릴 수 없는 사람들이 대부업자에게서 돈을 빌린다.

대부업자에게서 돈을 빌리는 사람들은 보통 신용등급 7등급 이하인 사람들이다. 은행이나 제2금융권에서 절대로 돈을 빌릴 수 없는 사람들이 대부업자를 찾는다. 신용등급 7등급 이하인 사람들은 돈이 없고, 그래서 빌린 돈을 제대로 갚지 못하는 사람들이 많다. 대부업자는 높은 이자를 받지만 원금과 이자를 떼이는 경우도 많다. 결국 명목상 이자율은 높지만, 실제 수익률이 높은 것은 아니다.

대부업자가 처음에 1억 원이 있고, 1000만 원을 30% 이자로 10명에게 빌려주었다고 가정해보자. 이 10명이 모두 원금과 이자를 제대로 갚으면 원금 1억 원과 이자 3000만 원을 받는 것이고, 30%의 수익률을 올릴 것이다. 하지만 이중 1명이 돈을 갚지 못하면 어떻게 될까? 한명이 원금 1000만 원과 이자 300만 원을 갚지 않으면 대부업자는 1억 1700만 원만 회수할 수 있다. 1억 원을 가지고 시작했으니 17%의 수익률이다. 만약 2명이 돈을 갚지 못하면 어떻게 되나?

두 명이 원금 2000만 원과 이자 600만 원을 갚지 못하면 대부업자는 1억 400만 원만 회수할 수 있다. 1억 원에서 400만 원만 벌 수 있고, 4%의 수익률이다. 대부업자가 높은 이자를 받는다고 하지만, 실제 대부업자가 상대하는 고객들은 신용도가 낮은 사람들이다. 돈을 제대로 갚지 못하는 사람들이 많고, 그러면 대부업자가 높은 이자를 받는다고 해도 전체 수익이 많은 것은 아니다. 대부업자는 이렇게 돈을 갚지 못하는 사람들의 비율을 고려해서 적정 수익을 얻을 수 있도록 이자율을 정한다.

그런데 이때 30%의 이자율이 높다고 해서 24%로 이자율을 낮추라고 하면 어떻게 될까? 24% 이자면 1억 원을 빌려줄 때 2400만 원의 이자를 받을 수 있다. 2명이 돈을 갚지 않으면 2000만 원 원금과 480만 원 이자를 받지 못하니 1억 원의 돈을 가지고 시작했을 때 9920만 원만 남는다. 80만 원, 8% 손해가 난다. 30% 이자를 받을 때는 4% 수익이 났었는데, 24% 이자만 받도록 하면 8% 손해다. 그러면 대부업자들은 어떻게 해야 할까? 대부업자들이 손해를 보지 않기 위해 할 수 있는 일은 한 가지다. 이전에 돈을 빌려주던 사람에게 더 이상 돈을 빌려주지 않는 것이다. 이전에는 10명 모두에게 돈을 빌려주었다. 하지만 이제는 돈을 갚지 못할 것으로 예상되는 2명에게 더 이상 돈을 빌려주면 안 된다. 결국 대부업자들이 빌려주는 사람들의 수와 금액이 감소한다.

2019년부터 대부업자들이 받을 수 있는 이자율이 이전 27.9%

에서 24%로 감소하면서 나타난 현상이 바로 이것이다. 대부업자들은 신규 대출을 줄였다. 이전에 27.9% 이자율일 때는 10명이 돈을 빌릴 수 있었다면, 24% 이자율에서는 8명 정도만 돈을 빌리고, 2명은 더 이상 돈을 빌릴 수 없게 된다. 8명은 자기가 부담하는 이자율이 줄어서 좋겠지만, 더 이상 돈을 빌릴 수 없는 2명은 심각해진다.

대부업자에게 돈을 빌리는 사람들은 더 이상 다른 데서 돈을 빌릴 수 없는 사람들이다. 은행이나 제2금융권은 고사하고, 가족의 돈을 다 쓰고, 친척, 친구들에게 이미 돈을 빌린 사람들이다. 더 이상 돈을 빌릴 수 있는 곳이 없어서 마지막으로 대부업자를 찾는다. 그런데 대부업자도 이젠 돈을 빌려주지 않는다. 더 이상 돈을 구할 수 없을 때 할 수 있는 방법은 하나밖에 없다. 파산을 하거나 개인회생을 신청하는 것이다.

2019년, 대부업의 최고이자율이 27.9%에서 24%로 낮아졌다. 대부업자들은 더 이상 수익을 내기가 힘들어졌고, 대출을 줄였다. 대부업자들은 2017년 하반기에 3조 3640억 원을 대출해주었다. 그런데 이자율 제한이 강화된 2019년 상반기에는 2조 862억 원만 대출해주었다. 1년 조금 넘는 사이에 1조원 이상의 대출금이 줄었다. 결국 신용등급이 가장 낮은 사람들은 더 이상 돈을 빌릴 수 없게 되었다. 그리고 그 결과 파산신청자가 증가한다. 2018년 파산 신청자는 43,402명이었다. 그런데 2019년에는 45,642명으로 증가했다. 5.2% 증가율이다. 개인회생신청자도 1300명 정도 증가했다. 그동안 파산자와 개인회생자는 계속 감소해오는 추세였는데, 2019년에 증가세로 돌아섰다.

　돈이 부족한 사람들을 돕기 위한 이자 제한 규제는 진짜 돈이 부족한 사람들을 구제하기보다는 파산으로 몬다. 규제의 역설이 나타나는 가장 전형적인 분야다. 그래서 선진국에서는 대부업에 대한 이자 제한을 굉장히 느슨하게 한다. 일본에 이어 세계에서 두 번째로 대부업 이자 제한율이 낮다는 것은 절대 자랑할 만한 일이 아니다.

# 6장

# 잘못된 진단의 나비효과

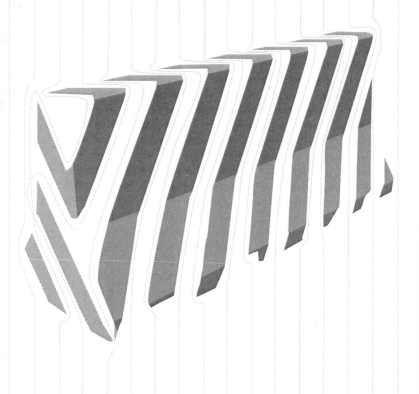

2012년, 허리케인 샌디가 미국 동부를 강타했다. 미국 롱아일랜드 동쪽에는 롱아일랜드 지역을 둘러싸는 피르 아일랜드가 있다. 롱아일랜드와 피르 아일랜드 사이에는 커다란 바다 호수가 형성되어 있다. 그런데 허리케인 샌디로 인해 롱아일랜드를 둘러싼 피르 아일랜드 몇몇 지역이 파괴되었다. 환경은 보호해야 한다. 그래서 그동안 피르 아일랜드가 파괴되면 곧바로 복구를 해왔다. 그런데 이때 망가진 지역은 환경 보호 지역이었다. 복구 중 장비가 들어가려면 따로 허가를 받아야 했고 그러다 보니 시간이 좀 지체되었다. 그런데 예상하지 못한 일이 발생했다. 망가진 지역으로 바닷물이 유입되었는데 그러면서 바다 호수가 정화되었다. 바다도 생태계도 훨씬 더 좋아졌다.

그동안은 부서진 환경을 바로바로 원래대로 복구하는 것이 환경 보호에 기여하는 것으로 생각했다. 하지만 아니었다. 부서지면 부서진 대로 그냥 두는 것이 환경과 생태계에 더 좋은 경우가 많았다. 가만 내버려 두었으면 정화되었을 생태계가, 그동안 환경을 바로바로 복구하도록 하는 환경 규제로 인해 계속 악화되고 있었던 것이었다. 환경을 보전하는 데 정말 필요한 것이 무엇인지를 잘못 진단한 데서 나온 규제의 역설이었다. 진단과 원인을 잘못 파악하면 결과도 부작용이 더 크다. 진단을 잘못 파악한 데서 나타나는 규제의 역설들을 살펴보자.

# 담장을 높이는 담장 금지 정책

단독 주택은 집 주위를 담으로 둘러싼다. 도둑이 들어오거나 하는 것을 막기 위해서다. 특히 옛날 주택들은 보안 장치가 허술해서 담이 낮으면 도둑이 쉽게 집 안으로 들어와서 물건을 훔쳐갈 수 있었다. 옛날에는 담의 높이가 그 집이 얼마나 잘 사느냐를 보여주는 척도였다. 집이 넓고 높으면 담도 높았고, 집이 좁고 낮으면 담도 낮았다.

보안 장치와 보안 업체가 발달하면서 담이 낮아도 도둑 걱정을 하지 않게 되었다. 신도시에 만들어진 주택 단지들은 담장이 높지 않다. 일산 주택단지들의 경우는 담장도 벽이 아니라 울타리 정도고, 지나는 사람들이 남의 집 정원을 들여다볼 수 있다. 대부분 유럽이나 미국의 주택들은 담장이 없거나 울타리 정도의 낮은 담장을 가지고 있다. 담장의 효과가 별로 없기 때문이다.

예전 단독 주택들은 높은 담장을 가지고 있었지만 일산 같은 1기

신도시에서는 담장이 낮은 주거 단지가 만들어졌다. 2000년대 들어서 판교 등이 개발되면서 소위 2기 신도시가 만들어졌다. 판교는 아예 담장이 없는 동네를 만들고자 했다. 담장이 있으면 주민들 간에 벽이 만들어진다. 주민들 간에 서로 친밀하게 교류하는 동네를 만들고자 했고, 그래서 담장을 만들지 못하게 했다. 담장이 없으면 집 대문만 나서면 주민들 간에 서로 얼굴을 볼 수 있고, 따라서 주민들끼리 친하게 지내는 공동체가 만들어질 수 있을 것이다. 그래서 담장 만드는 것을 금지하는 규제가 시행되었다.

아파트가 대세인 현재 한국 사회에서 단독 주택에서 살고자 하는 사람들의 욕구는 마당이나 정원이 있는 삶을 원하는 경우가 많다. 정원을 가꾸고, 아이들이 마당에서 층간 소음 걱정 없이 뛰어놀 수 있도록 단독 주택에서 산다. 그런데 정원에 담을 만들 수 없게 되었다. 지나는 사람들이 내 집의 정원과 마당을 볼 수 있는데, 친하게 지내는 이웃 주민만 지나다닌다는 보장은 없다.

정원에서 무엇을 하건 그런 모습을 낯선 사람 누구에게나 내보이기는 싫다. 하지만 담을 만들 수는 없다. 이 딜레마를 해결하기 위해 '중정형 저택'이 개발된다. 중정형 저택에서는 한 집이 개별적으로 집과 정원을 만드는 것이 아니라, 여러 집이 하나의 정원을 공동 소유한다. 여러 집이 모여 'ㄷ'자 형태로 집을 만들고 그 안에 정원을 둔다. 또는 'ㅁ'자로 집을 만들고 그 안의 공간을 정원으로 만든다. 이러면 정원은 그 정원을 둘러싸고 있는 집들만 이용하고 볼 수 있다.

그런데 정원을 주택단지 안에다 만들면 주택 단지 바깥쪽으로는 모두 집 건물만 늘어선 모습이다. 길거리를 걷는 사람은 심지어 담장이 가지고 있던 약간의 여유도 없이 높은 집 건물의 벽만 보는 꼴이다.

**판교 중정형 주택**
자료: http://hub.zum.com/joongang/50236

이게 중정형 주택들의 모습이다. 전통 주택에서의 담장, 1기 신도시에서의 담장이나 울타리보다 훨씬 커다란 벽이 늘어서 있다. 담장은 없지만, 완전히 성이 만들어졌고 요새화 되었다. 주변에서 접근하는 것은 불가능하다.

판교 주택단지에서는 최소한의 프라이버시를 고려하지 않은 정책으로, 오히려 이전보다 훨씬 접근이 어렵고 주변을 밀어내는 듯한

딱딱한 모습의 도시 풍경이 만들어졌다. 이런 중정형 저택에서는 같은 정원을 공유하는 몇몇 집들끼리는 사이좋게 지낼 수 있어도, 그 외 동네 사람들의 접근을 완전히 차단한다. 담장을 낮춰 이웃과 사이좋게 지내라는 정책이 오히려 성을 만들고 외부의 접근을 막는다. 규제의 패러독스다.

# 인터넷 보안 문제의 주범, 공인인증서

2020년 5월 20일 전자서명법 개정안이 국회 본회의를 통과했다. 개정안의 하이라이트는 공인인증서 폐지다. 6월 2일에 정부는 국무회의를 통해 해당 법안을 의결했다. 2020년 11월부터는 드디어 공인인증서의 시대가 막을 내린다. 한국의 인터넷 환경에서 악명 높은 존재였던 공인인증서는 한국을 대표하는 인터넷 보안 시스템이었다. 국세청과 같은 정부 사이트에 접속을 하면 공인인증서로 본인 확인을 해야 하고, 은행 사이트, 증권 사이트를 접속하기 위해서도 공인인증서를 이용해야 했다. 인터넷 결제를 할 때도 공인인증서가 필요했다.

공인인증서는 1990년대 말, 인터넷이 한참 보급되기 시작하고 또 인터넷 보안 문제가 대두되기 시작할 때 만든 기술이다. 당시 한국의 주요 인터넷 연구 기관이자 정책 기관인 한국전산원에서 만들었다. 이후 한국전산원 중에서 정보 보호 부분을 따로 분리해서 한국정보보호센터를 만들고, 여기에서 공인인증 기술 개발과 사업을 주도하게 했다.

당시는 인터넷을 통해서 어떻게 수익을 얻을 수 있는지가 화두였다. 인터넷이 굉장히 중요한 것 같고 또 보급되고 있기는 한데, 인터넷으로 어떻게 돈을 벌 수 있을지는 불투명했다. 인터넷으로 돈을 벌기 위해서는 인터넷상에서 돈이 왔다 갔다 해야 한다. 하지만 사람들은 안전 문제를 걱정해 인터넷상에서 거래를 하지 않으려고 했다. 인터넷 결제 등 돈이 오고가게 하려면 이 거래가 안전하다는 보증이 필요했다. 인터넷 보안 기술은 인터넷 발달의 중요한 전제 조건이었다.

정부가 이 부분을 담당하려고 했다. 한국전산원, 한국정보보호센터에서 공인인증서를 개발하고, 이를 민간에 보급했다. 공인인증서를 이용하면 금융거래를 안전하게 할 수 있다. 그러면 인터넷도 적극적으로 확대되고 인터넷 쇼핑몰 등도 발달할 수 있다. 그런데 이 좋은 공인인증서를 사람들이 잘 사용하지 않았다. 인터넷상에서 무언가 돈을 지불한다는 것이 아직 일반화되지 않았던 시대였다. 공인인증서는 돈을 내고 사용해야 했는데, 온라인상에서 별로 거래도 하지 않는데 돈을 내고 공인인증서를 사용하려는 사람은 거의 없었다.

정부가 어떤 것을 널리 보급시키고 싶은데 국민들이 잘 사용하지 않으려 할 때 정부가 주로 쓰는 방법이 있다. 사용을 의무화하는 것이다. 법으로 반드시 그 품목을 사용하라고 의무화를 하면 싫어도 그 품목을 사용할 수밖에 없다. 그래서 공인인증서 사용이 필수가 되었다. 사람들은 은행, 증권 등 금융거래를 온라인상에서 하려면 공인인증서를 사용해야만 했다. 온라인 쇼핑몰에서 결제하기 위해서도 공인인증서가 있어야 했다. 공인인증서는 급속하게 퍼져나갔다.

온라인 금융거래와 쇼핑을 용이하게 만들기 위해 도입한 공인인증서는 정작 한국에서 온라인 금융과 쇼핑을 어렵게 하는 대표적인 절차가 되었다. 한국에서 인터넷 금융을 이용하기 위해서는 먼저 공인인증서를 발급받아야 한다. 그리고 거래할 때마다 공인인증서를 열고, 암호를 집어넣어야 한다. 이 공인인증서는 한 번 발급받으면 계속해서 쓸 수 있는 것도 아니다. 1년에 한 번씩 연장을 하거나 재발급을 받아야 한다. 해외에 나가 있다가 공인인증서가 만료되어 한국 금융 거래가 불가능해진 사람들도 많다. 공인인증서를 재발급 받으려면 본인확인이 또 이루어져야 하는데, 해외에 거주하는 경우에는 이것이 쉽지 않다. 외국인이 공인인증서를 발급받는 것도 어렵고, 이래저래 공인인증서는 한국에서 금융 거래를 어렵게 하는 이상한 절차가 되었다.

한국에서는 금융 거래를 할 때 거의 당연하게 공인인증서가 이용된다. 그래서 공인인증서를 사용한다는 것이 특별한 문제가 아닌 것으로 생각하기 쉽다. 하지만 외국의 사이트와 비교를 하면 그 차이가 당장 느껴진다. 한국의 온라인 교보문고에서 결제를 할 때는 30만 원 이상은 공인인증서가 있어야 한다. 하지만 미국 아마존에서 결제를 할 때는 공인인증서가 필요없다.

중국의 온라인 쇼핑 사이트를 이용할 때도, 일본의 온라인 몰을 이용할 때도 그냥 신용카드 번호만 넣으면 된다. 하지만 한국 온라인 쇼핑 사이트는 그렇지 않다. 우리가 그동안 공인인증서를 워낙 많이 사용해 왔기에 문제가 없다고 느끼는 것이지, 처음 한국에서 금융 결제를 하려 한다면 엄청난 시간과 노력을 들여야 한다.

공인인증서를 이용하게 하는 이유는 인터넷 보안을 증진시키기 위해서다. 금융 결제에서 인터넷 보안은 중요하다. 그러니 이렇게 번거로운 절차가 더 요구된다고 하더라도, 공인인증서로 인해서 보안이 훨씬 더 강화된다면 인정할 수 있다. 공인인증서가 없으면 금융 보안 사고가 많이 발생하지만 공인인증서를 사용하면 금융 보안 사고가 일어나지 않는다면 충분히 공인인증서의 가치를 인정할 수 있다. 그런데 현실은 그렇지 않았다.

공인인증서의 약점은 개인이 보관하는 파일이라는 점이다. 파일은 얼마든지 복사가 가능하다. 다른 사람들이 내 공인인증서 파일을 가지고 있지 않으면 공인인증서는 보안 능력이 굉장히 좋다. 하지만 다른 사람이 내 공인인증서 파일을 훔치거나 복사해가면 끝장이다. 다른 사람이 공인인증서를 이용해서 내 계좌에서 얼마든지 돈을 빼갈 수 있다.

공인인증서만으로 보안이 잘 지켜지지 않는다는 것은 최근에 온라인 금융 거래에서 무엇을 요구하는지 보면 잘 알 수 있다. 지금은 은행에 접속을 할 때는 공인인증서가 필요하지만, 이것만으로는 송금할 수 없다. 따로 비밀번호 카드를 이용해야 하고 또 핸드폰 등으로 확인 인증을 거친다. 아니면 그때그때 번호가 달라지는 OTP 기능을 사용한다. 공인인증서만으로 보안이 되면 이런 다른 절차를 거칠 필요가 없다. 공인인증서가 별 의미가 없기에 이런 다른 절차들이 계속 만들어졌다. 지금 공인인증서는 인터넷 보안에 기여하지 못한다. 정말로 공인인증서가 인터넷 보안에 중요했다면 다른 나라에서도 공인인증서 제도를 받아들였을 것이다. 한국의 공인인증서 제도를 수입하지는 않더라도, 공인인증서와 비슷한 도구를 만들었을 것이다. 하지만 주요 국가에서는 공인인증서제도가 없다. 한국보다 훨씬 인터넷 보안이 발전한 국가들에서도 공인인증 기술은 사용하지 않는다. 공인인증서가 인터넷 보안을 증진시키지 못하기 때문이다.

더 큰 문제는 공인인증서가 오히려 인터넷 보안에 해로운 영향을 미친다는 점이다. 인터넷 보안은 무엇 때문에 발생할까? 원래 컴퓨터 프로그램은 보안상 완벽하다. PC를 구입하고 윈도우 프로그램이나 맥 프로그램을 설치했을 때는 보안상 아무 문제가 없다. 스마트폰을 구입했을 때도 마찬가지다. 보안상 문제는 개인이 새로 프로그램을 다운받아 설치했을 때부터 생기기 시작한다. 인터넷 사이트에서 뭔가 파일을 내려 받을 때, 그 파일 중에 바이러스처럼 보안상 문제가 되는 파일들이 끼어 있는 경우가 많다. 그래서 인터넷 보안이 제대로 되기 위해서는 그런 파일들을 다운받지 않는 것이 원칙이다. 애플 제품은 인터넷 보안이 뛰어나다고 한다. 애플의 보안 프로그램이 성능이 좋아서가 아니라, 애플에서는 인터넷상에서 여러 파일들을 내려 받을 수 없게 하기 때문이다. 안드로이드 스마트폰에서는 운영 체제에 영향을 주는 프로그램들을 다운받을 수 있지만, 아이폰에서는 그런 프로그램들을 내려 받을 수 없다. 컴퓨터 이용자들은 정말 신뢰할 수 있는 경우가 아닌 한 인터넷 프로그램을 내려 받지 말아야 한다. 이것이 인터넷 세계의 상식이다.

그런데 한국에서는 그 상식이 통하지 않는다. 인터넷상에서 프로그램을 내려 받는 것을 당연하게 생각한다. 바로 공인인증서 때문이다. 공인인증서를 이용하기 위해서는 엄청난 수의 파일들을 내려 받아야 한다. 계속 공인인증서를 이용하면서 인터넷상에서 파일을 내려 받고 금융 거래를 하기 위해 또 파일을 내려 받고 하다 보니, 다른 사이트에서도 파일을 내려 받는 것을 전혀 이상하게 생각하지 않는다. 인터넷 상에서 파일을 내려 받는 것을 당연하게 생각하고, 필수적인 것이라고까지 생각한다. 공인인증서를 20년 넘게 이용하다보니, 파일 내려 받기가 상식처럼 되어 버렸다. 인터넷 보안을 위해 만든 공인인증서인데, 인터넷 보안에 가장 해로운 습관을 국민들에게 만들어준 원흉이 되었다. 공인인증서는 한국 인터넷 정책에서 가장 대표적인 역설이다.

# 동학의 교세를 키운 향약 진흥과 벼슬 팔기

조선 말기에는 동학이 세를 키우면서 신도들이 늘어났다. 특히 1893년 동학교도의 보은 집회에서는 전국 각지에서 수만 명이 모여들었다. 현대에도 집회, 시위에 모인 사람이 수만 명이면 엄청난 규모다. 그런데 인구 수도 지금보다 훨씬 적고, 교통이 불편한 조선 시대에 수만 명이 모여들었다. 이 일은 조선 정부와 양반들에게 엄청난 충격을 주었다.

당시 조선 정부는 왜 동학교도들이 이렇게 증가하였는지, 그리고 어떻게 하면 동학교도들을 감소시킬 수 있는지를 둘러싸고 논의하기 시작했다. 당시 병조판서였던 민영준은 동학이 유행하는 이유는 오랫동안 조선에서 이어져온 전통을 실행하지 않았기 때문이라고 주장했다. 전통을 실행하지 않으니 사람들의 풍속이 퇴폐한다. 그래서 나쁜 동학에 물든 사람들이 많아진다는 것이다.

어떻게 하면 동학교도가 줄어들 수 있을까? 조선의 오랜 전통을 다시 활성화시키면 된다. 조선 농촌 지역에서의 전통은 무얼까? 가장 대표적인 것이 향약이다. 향약은 농촌 지역의 자치 규약이다. 각 지역에서 자기들끼리 서로 어울리고 질서를 지키기 위해 만든 것이다. 조선 초기에는 향약이 일반적이었지만 이제는 향약을 제대로 만들고 지키는 곳이 거의 없다. 향약이 제대로 이루어졌다면 지역 농민들이 동학에 눈길을 돌리지는 않았을 것이다.

그래서 동학이 유행하는 전라도와 경상도를 중심으로 향약을 다시 일으키고자 했다. 향약을 다시 만들고, 또 향음주례도 다시 시행하도록 했다. 향음주례는 마을의 유생들이 모두 모여서 향약을 읽고 술을 마시며 잔치를 하는 모임이다. 동네 유지들이 모두 모여서 같이 먹고 마시며 향약을 읽고 이야기한다. 이렇게 하면 향약이 마을마다 다시 제자리를 찾을 것이고, 동학교도들도 줄어들 것이다.

또 농민들이 동학에 관심을 가지는 이유는 정부에 대해 불만이 많기 때문이다. 농민들의 불만을 얼러줄 방안도 필요했다. 조선 사람들은 벼슬을 좋아한다. 그러니 농민들에게 벼슬을 내려주면 기뻐할 것이다. 진짜 벼슬을 주고 그 자리에서 일하게 할 수는 없으니, 벼슬 이름만 주도록 하자. 소위 공명첩이다. 그런데 그렇다고 아무에게나 벼슬을 줄 수는 없다. 당시 사람들에게 존경의 대상이 되는 나이 많은 사람들에게 벼슬을 주기로 했다. 이러면 불만이 적어져 동학에 대한 관심도 사라질 것이다.

정부는 먼저 경상도 지역에서 향음주례를 시행하도록 했다. 그런데 각 고을에서 시행을 제대로 하지 않을까봐, 아예 각 고을마다 날짜를 정해서 향음주례를 하도록 했다. 지방 수령인 사또들이 그 고을에서 제대로 향음주례가 이루어지도록 했다.

문제는 여기서 발생했다. 지방 수령 입장에서는 중앙 정부가 자기 마을에서 향음주례가 얼마나 잘 이루어지는지를 본다는 게 신경 쓰였을 것이다. 여기서 잘 해야 좋은 평가를 받을 수 있다. 다른 마을에서는 향음주례가 잘 이루어졌는데 내가 관할하는 마을에서 향음주례가 제대로 이루어지지 않으면 골치 아파진다. 그런 일도 잘 못하느냐고 책망을 받을 것이고, 그 자리에서 물러날 수도 있다. 어쨌든 이 일을 잘 처리해야 제 자리를 보전할 수 있고 앞으로 승진도 가능하다. 그래서 지방 수령들 사이에서 얼마나 자기 마을에서 향음주례를 잘 개최하는지를 둘러싸고 경쟁이 발생한다.

향음주례가 성황리에 이루어지기 위해서는 무엇이 필요할까? 향음주례는 유생들이 모여 술을 마시고 음식을 먹으면서 향약을 이야기하는 것이다. 그러니 우선 좋은 술과 음식이 있어야 한다. 그런데 술과 음식을 잘 마련하려면 돈이 든다. 당시 지방 관청들은 돈이 별로 없었다. 술과 음식을 잘 마련해야 하는데 관청에 돈이 없다. 조선 시대에는 관청에 돈이 없으면 그냥 주민들에게서 돈을 거두었다. 주민들을 찾아가 돈을 내라고 했다. 이때 돈을 내지 않으면 잡혀간다. 주민들은 자기 동네 유생들이 먹을 술과 음식 값을 대기 위해 돈을 빼앗겼다.

잔치가 성황리에 이루어지기 위해서 또 필요한 것은 사람들이다. 아무리 음식이 좋아도 참석자가 적으면 기분이 나지 않는다. 많은 사람들이 모여야 잔치가 훌륭해 보인다. 향음주례는 원래 유생들이 모여서 잔치하는 것이다. 그런데 유생들만 모이면 숫자가 적다. 일반 동네 사람들도 모여야 했다. 일반 동네 사람들도 반드시 향음주례에 참석하게 했다. 이때는 여름철이었고, 농민들은 하루 종일 농사를 지어야 했다. 하지만 수령들 입장에서는 농민들의 농사일보다 향음주례를 얼마나 잘 하느냐가 더 중요했다. 농사일을 제쳐두고 농민들은 향음주례에 참석해야 했다.

향음주례에서는 모두 모여 향약을 읽는다. 그런데 신분제가 엄격한 조선 시대에 유생들이 농민들과 같이 앉아 향약을 읽을 수는 없다. 유생들은 정자 같은 데서 음식을 먹으며 향약을 읽지만, 농민들은 유생들과 같이 정자에 오를 수 없다. 그냥 맨땅에 앉거나, 같이 정자에 오르더라도 무릎 꿇고 앉아야 했다. 농민들은 억지로 향음주례 때문에 돈을 뺏기고, 농사를 짓지 못한 채 향음주례 잔치에 끌려 나와 무릎을 꿇고 있어야 했다. 농민들의 불만을 덜어주기 위해 향음주례를 하게 했는데, 오히려 농민들의 불만은 더 늘어났다.

나이 많은 사람들에게 벼슬을 주는 것도 예상과 다르게 진행되었다. 일단 시골 마을에서 나이가 많은 사람을 골라 높은 벼슬을 주었다. 단순한 벼슬자리가 아니라, 위계가 높은 통정 대부, 가선 대부 등의 직위를 주었다. 그런데 조선 말, 특히 고종 때에는 이런 벼슬자리는 모두 돈을 받고 팔았다. 벼슬자리는 돈을 주고 사는 것이었다. 이 것이 그 당시 상식이었다. 이때 노인들에게 벼슬을 준 것은 돈을 받고 준 것은 아니었다. 하지만 어쨌든 벼슬을 받았으니, 어느 정도 돈을 내는 것이 정당하다고 보았다. 농촌의 나이 많은 노인들에게 벼슬을 주었는데 이들은 돈이 없었다. 그래서 그 자식과 손자들에게 돈을 내라고 했다. 엽전 30꾸러미를 내게 했다. 동학에 대한 대비책으로 사람들의 불만을 줄이기 위해 벼슬을 주는 것이기에 그래도 싸게 해준 것이었다.

그런데 농촌 사람들에게 그만한 돈이 있을 리가 없었다. 통정 대부, 가선 대부 등 높은 벼슬자리를 주고 단지 30꾸러미만 내라고 하는데 그 돈을 내려고 하지 않았다. 지방 수령들은 벼슬을 받은 노인들의 자식과 손자들을 잡아갔다. 돈을 가져와야 풀어준다고 했다. 지방 노인들은 높은 벼슬자리를 받았지만 그 대신 자손들이 잡혀갔다. 높은 벼슬을 얻었다고 좋아하고 정부에 감사할 수 없었다. 민심을 돋우기 위한 방안이었는데 오히려 원망만 샀다.

문제는 무엇이었을까? 우선 정말로 향약이 제대로 운영되면 동학이 줄어드는 것이었을까? 지금 돌이켜보면 당시 향약과 동학은 아무 상관이 없었다. 하지만 그 당시에는 향약의 쇠퇴가 동학 활성화의 원인이라고 진단했다.

벼슬을 준 다음에 돈을 내라고 잡아가는 것은 뭐라 할 말이 없다. 이건 조선시대 말 여러 부패요소들이 한데 결합해서 나타난 현상이다. 동학교도를 줄이기 위해 이런 방안들이 시행되었지만 오히려 동학교도들은 더욱 증가했다. 결국 1894년, 동학교도들은 동학난을 일으킨다. 동학에 대한 대응 방안들은 오히려 동학의 세력을 증가시켰을 뿐이다.

# 본전도 못 건진 중국의 해외 학회지 검열

*The China Quarterly*라는 학술지가 있다. 중국과 관련된 주제에 대한 논문을 싣는다. 중국에 대한 학술지지만 학술지가 발간되는 나라는 영국이다. 1960년부터 발간하기 시작해서 60년의 역사를 가지고 있다. 중국 관련 연구에서는 세계에서 가장 유명한 학술지 중 하나에 들어간다.

이 학술지에 논문을 기고하는 사람들은 세계에서 중국에 대해 연구하는 각기 다른 민족적, 국가적 배경을 가진 수많은 학자들이다. 최근에 중국인 저자들이 증가했지만, 이전에는 중국 이외의 외국인 학자들만 있었다. 외국에서 중국을 연구하는 사람들을 위한 학술지인데, 외국에서 제3자의 시각에서 연구하다보니 보다 사실적이고 객관적인 내용이 들어가 있다.

이 학술지는 중국에 대해 찬성하는 입장도 아니고 반대하는 입장도 아니다. 국제적 시각에서 중국을 객관적으로 관찰하고 연구한다. 그러다 보니 중국 정부와 반대되는 내용도 많이 있다. 특히 중국에서 문제되는 것은 천안문 사태, 티벳 문제, 위구르 문제, 문화대혁명 관련 주제 등이다.

중국은 이러한 주제에 대해 이야기하는 것이 금지되어 있다. 기사로 내는 것도 안 되고 책을 써도 안 된다. 천안문 사태는 어디까지나 반란일 뿐이었고, 티벳, 위구르가 독립을 요구하는 것에 대해 긍정적으로 이야기하는 것은 절대 금지다. 중국의 검색 사이트인 바이두 등에서는 이런 단어에 대해 아예 검색 자체가 막혀 있다. 구글은 이런 검색어 서비스를 막으라는 중국 정부의 명령을 거부하고 중국 서비스를 접었다. 중국이 페이스북 등 미국의 인터넷 소셜미디어 서비스를 막는 이유 중 하나가, 다른 나라 인터넷에서는 이런 천안문 사태 등에 대한 정보를 쉽게 구할 수 있기 때문이다.

이렇게 중국은 천안문 사태나 티벳 문제 등에 대한 비판적 자료에 접근을 막고 있다. 그런데 문제가 있다. *The China Quarterly*는 중국 사이트를 운영하고 있다. 중국 내에서 중국어로 'The China Quarterly' 사이트를 운영하면서 중국 내 학자들에게 해당 논문의 내용을 제공한다. 물론 유료다. 학술지 사이트는 논문을 제공하면서 돈을 받는다.

*The China Quarterly*의 논문은 중국어가 아니라 영어로 작성되어 있다. 논문은 영어 원본을 제공하지만, 안내문, 사용방법 등을 중

국어로 제공하면서 *The China Quarterly*의 논문을 이용할 수 있도록 하고 있다.

*The China Quarterly*에는 1960년대부터 중국을 객관적으로 바라보는 논문들이 많이 실려 있다. 문화 대혁명 당시의 논문도 있고, 1989년 천안문 사건에 대한 논문도 많이 있다. 티벳의 독립에 대해 긍정적으로 이야기하는 논문도 많이 있다. 사실 국제적으로는 천안문 사태에 대해 무력 진압을 비판하거나, 티벳 독립을 찬성하는 것이 더 일반적이다.

2017년 8월, 중국 정부는 *The China Quarterly*학술지에 대해 더이상 중국에 대해 비판적인 내용의 논문을 게재하지 말라고 요구했다. *The China Quarterly*는 중국의 요구를 받아들이지 않으면 중국어 사이트가 폐쇄될지 모르는 위기 상황을 맞이했고, 결국 *The China Quarterly*는 중국의 요구를 받아들이기로 한다. *The China Quarterly* 논문 중 천안문, 티벳 등 민감한 주제를 다루는 300여 편의 논문들을 중국어 사이트에서 삭제했다. 학술지에 게재된 논문은 나중에 허위임이 밝혀지거나 연구윤리 위반 등의 문제가 발생하지 않는 한 절대로 바꾸지 못하는 것이 원칙이다. 한번 발간된 학술지는 영원히 남고, 몇 십 년, 몇 백 년이 지나도 학자들이 참고할 수 있게 한다. 그런데 *The China Quarterly*는 그동안 발간한 논문 중에서 중국 정부가 싫어하는 내용의 논문들을 삭제해서 중국 내에서는 더 이상 찾아볼 수 없게 한 것이다.

그런데 반전이 일어난다. 이러한 내용이 알려지고 난 후 세계 학계에서 비판의 목소리가 커졌다. 학계에서 가장 중요한 것은 연구자가 자기가 발견한 것, 자기가 생각하는 것을 아무런 여과 없이 발표하는 것이다. 물론 세계 여러 나라 중에는 언론의 자유가 없는 나라들이 아직 많이 있다. 이런 나라들에서는 주로 언론 기사, 책 등의 내용에 대해 검열이 이루어진다. 이에 비해 학술지까지 엄격히 검열 하는 경우는 별로 없다. 학술지는 원래 일반 사람들이 보는 잡지가 아니라, 해당 분야 연구자들만 보는 잡지다. 학술지에서는 정치적 가치판단보다는 사실 그 자체가 중요하다. 그래서 아무리 검열이 있다 하더라도 학술잡지에 대해서는 느슨하게 하는 것이 일반적이다.

그런데 중국은 이 학술지의 내용을 문제 삼았다. 중국어로 쓰인것도 아니고 영어로 된 논문 내용을 문제 삼고 공개되지 않도록 했다. 전 세계의 주요 학계에서 *The China Quarterly*측에 항의를 했다. 더이상 *The China Quarterly*에 논문을 보내지 않겠다, *The China Quarterly*학술지 구독을 중단하겠다 등등의 항의가 이루어졌다. *The China Quarterly*는 중국의 요구를 들어주는 대신 전 세계 학계로부터 퇴출될 지경에 이르렀다.

중국의 검열 요구를 들어주지 않으면 중국어 서비스를 중단해야한다. 중국의 검열 요구를 받아들이면 중국어 서비스는 가능하지만더 이상 학계로부터 *The China Quarterly*는 인정받지 못할 것이다. 학술지인 *The China Quarterly*에게는 중국어 서비스를 통한 논문 열람 수익보다 이쪽 분야 전문가로부터 인정을 받는 것이 훨씬 더 중요하다. 결국 *The China Quarterly*는 천안문, 티벳 등에 대한 논문들을 다시 공개하기로 방침을 바꾼다. 그런데 이전처럼 단지 논문을 제공하는 것에서 한 단계 더 나아갔다. 중국에서 *The China Quarterly*논문들을 무료 공개로 전환해버린 것이다.

세계 유명 학술지 논문을 다운받아 보는 것은 비싸다. 이런 논문을 보는 사람은 소수 학계 사람들뿐이고, 소수만 보아도 운영비가 나와야 하니 단가가 비싸다. 읽고 싶은 논문이지만 가격이 비싸서 포기하는 경우도 많다. 그런데 *The China Quarterly*는 이 사건 이후 논문을 무료로 볼 수 있게 했다. 더 많은 사람이 쉽게 천안문, 티벳 관련 논문들을 다운받아서 읽을 수 있게 한 것이다. 중국은 *The China Quarterly*의 논문을 중국 사람들이 접하게 되지 않기를 원했다. 그래서 *The China Quarterly*에 대해 논문 제공을 하지 말 것을 요구했지만, 결국 보다 많은 사람들이 쉽게 *The China Quarterly*의 논문을 읽을 수 있게 만들어버렸다. 중국어도 아니고, 전문가만 보는 잡지이기 때문에 중국의 일반 사람들이 볼 일은 거의 없겠지만, 그래도 이전보다 훨씬 더 보급이 쉽게 되었다. 중국의 기준을 세계 학술지에 그대로 적용하려 했던 중국의 규제 정책이 그 반작용을 발생시킨 사례다.

# 유신 정권의 문제점을 세계적으로 알린
## 《동아일보》광고 규제

미국 《뉴욕타임스》는 신문 디지털화의 선두 주자다. 종이 신문을 구독하는 사람들이 점점 줄어서 신문사가 모두 망할 것이라고 예상할 때 《뉴욕타임스》는 온라인 신문을 만들고, 온라인 구독 시스템을 만들었다. 온라인에서 무료로 기사를 제공하는 것이 아니라 온라인 유료 시스템을 만들어서 현재는 온라인 신문의 구독료만으로 흑자를 보고 있다. 신문이 온라인에서도 충분히 생존해 나갈 수 있다는 것을 처음으로 증명한 신문사다.

《뉴욕타임스》는 온라인 구독 시스템만이 아니라 신문의 디지털화에도 획기적인 기여를 하고 있다. 아무리 온라인 시대가 되었다고 해도, 인터넷상의 자료는 거의 다 인터넷화가 시작된 1990년대 말 이후의 자료들이다. 온라인화가 이루어지기 전인 1990년대 이전 자료들은 인터넷에서 찾아보기 어렵다. 무엇보다 자료가 온라인화 되어 인터넷에 올라와 있지 않다. 《뉴욕타임스》는 과거 종이 신문을 디지털화했다. 과거 100년의 모든 《뉴욕타임스》 기사를 디지털화하고, 그것을 홈페이지에 공개했다.

이 과거 기사들은 무료로 볼 수 있다. 하지만 일부 유료로 제공하는 기사들도 있다. 역사가나 해당 분야의 전문가들이 과거의 기록을 보고자 할 때 꼭 필요한 기사, 지금도 사람들이 관심을 가지고 찾아보는 기사, 이런 기사들은 돈을 내야만 볼 수 있다. 이런 기사들을 보기 위해 내야 하는 요금은 비싸다. 다른 일반 기사들은 모두 무료로 제공하지만, 이렇게 중요한 몇몇 기사들을 유료화해서 그 전체 비용을 충당하고 있다.

한국에 관한 기사 중에서 《뉴욕타임스》에서 돈을 내야만 볼 수 있는 기사는 별로 많지 않은데 그중 하나가 바로 《동아일보》 광고 탄압 관련 기사다. 1974년도에 있었던 한국의 《동아일보》 광고 규제가 아직까지 《뉴욕타임스》에서 돈을 내야만 볼 수 있는 기사로 남아 있다. 《동아일보》 광고 탄압이 지금도 전 세계 관련 전문가들 사이에서 꼭 보아야 하는 역사적 이슈가 되었다는 의미다.

박정희 대통령의 유신 시대였던 1974년 10월 23일, 《동아일보》 편집국장 등이 중앙정보부에 잡혀갔다. 당시 《동아일보》는 대표적인 야당지였다. 서울대 농대생들이 유신 반대 시위를 했고 《동아일보》는 이 시위에 대한 기사를 내보냈다. 당시는 유신에 대해 반대한다는 주장을 공개적으로 하는 것 자체가 문제가 되던 시절이었다. 긴

급명령 1호는 유신 헌법에 대해 공개적으로 반대만 해도 구속시킬 수 있게 했다. 유신에 대해 반대하는 것 자체가 문제인데,《동아일보》는 유신에 대해 반대하는 학생들의 시위 내용을 기사로 실었다. 유신에 대해 학생들이 반대하고 있다는 것, 학생들이 유신 반대 시위를 하고 있다는 것을 일반 시민들에게 알린 셈이다.《동아일보》가 대놓고 반대하지는 않았지만, 결국 유신 반대에 대한 이야기를 간접적으로 시민들에게 알린 효과를 불러일으켰다. 중앙정보부는《동아일보》편집국장 등을 연행해서 조사했다.

1974년 10월 24일,《동아일보》기자들은 이런 중앙정보부의 편집국장 연행에 반대하며 자유언론실천선언을 발표한다. 내용은 3가지였다. 정부가 신문이나 잡지 발행에 간여하지 말라는 것, 기관원들이 언론사에 출입하지 말라는 것, 그리고 언론인에 대해 불법 연행을 하지 말라는 것이었다.

이런《동아일보》기자들의 반항에 대해 박정희 정권은 그동안 누구도 생각하지 못한 새로운 방법으로 압박을 가하기 시작했다. 기업들로 하여금《동아일보》에 광고를 싣지 못하게 한 것이다. 정부는《동아일보》에 광고를 신청한 기업들을 찾아다니며 광고를 싣지 못하도록 했다. 12월 16일경부터《동아일보》의 신문 광고가 하나둘씩 해약이 되었다. 그러다가 12월 20일부터는 대량으로 광고가 해약되기 시작했다.

지금도 기업들은 정부의 요구를 마음대로 무시하지 못한다. 그런데 당시는 유신 독재 시절이다. 기업들이 정부의 요구를 받아들이지 않으면 그냥 기업주가 잡혀가고 기업은 망했던 시절이다.

온라인 광고 위주인 지금과 달리 당시는 신문 광고가 가장 중요한 광고 방법이었고, 《동아일보》는 많은 사람들이 구독하는 유력지였다. 《동아일보》는 광고 효과가 좋은 신문 중 하나였지만, 기업들은 《동아일보》에 신문 광고를 하는 것을 포기했다. 갑자기 기존의 신문 광고 계약이 철회되면, 신문은 그 광고란에 들어갈 새로운 기업 광고를 찾아야 한다. 하지만 아무도 새로이 기업 광고를 계약하려 하지 않았다. 광고를 실을 수 없다면 그 칸은 기사로 채워야 한다. 하지만 광고는 갑자기 철회되었고, 새로운 기사를 만들어 넣기에는 시간상으로 한계도 있었다. 결국 《동아일보》는 광고면을 빈 칸으로 두고 신문을 발행했다. 신문의 아래는 보통 광고가 차지한다. 이 칸이 모두 빈 백지로 발행되었다. 12월 26일에는 《동아일보》 3면이 백지 상태로 발행되었고, 1975년 1월 25일에는 신문 광고의 98%가 사라져버렸다.

당시 신문사의 수익 구조는 구독료가 반, 광고료가 반 정도였다. 광고가 없으면 신문사는 유지될 수 없다. 당시 정부는 《동아일보》의 광고를 끊음으로써 《동아일보》를 망하게 하려고 했다. 유신 제도 반대 의견을 적극적으로 국민들에게 알린 《동아일보》를 징계하려 한 것이다. 그런데 이렇게 《동아일보》에서 기업 광고, 상품 광고가 사라지자 예상하지 못한 일이 발생했다. 사태를 알게 된 일반 국민들이

《동아일보》에 광고를 게재했다. 각 개인들, 소모임들이 간단간단한 줄광고를 《동아일보》에 의뢰해 광고로 게재하였다. 기업 광고, 상품 광고가 없어진 칸에 각 개인들이 개별적으로 낸 광고가 채워졌다. 세계에 유래가 없는 광고 탄압 규제였고, 또 세계에 유래가 없는 개인들의 광고 응원이었다. 이런 개별 광고가 1만 건이 넘었다. 그리고 사람들은 《동아일보》를 더 사 보기 시작했다. 이 기간 동안 《동아일보》 판매수는 12만 부가 늘었다.

《동아일보》 광고 규제는 엄청난 이슈가 되었다. 《동아일보》가 유신 반대 시위 기사를 실었다가 이렇게 되었다는 것, 편집국장이 유신 정부에 잡혀갔다는 것, 《동아일보》 기자들이 언론 자유에 대한 시국 선언을 했고, 그래서 정부가 기업들에게 광고를 싣지 말라고 강제했다는 것을 모든 국민들이 다 알게 된다.

한국에만 소식이 알려진 것이 아니다. 《동아일보》에 대한 광고 탄압은 세계적으로도 유명해졌다. 광고를 싣지 못하게 해서 신문사를 말려 죽인다는 것은 그동안 어떤 독재 정부도 생각하지 못한 새로운 방법이었다. 《동아일보》 광고 사태가 세계적 뉴스가 되면서, 유신 정부의 문제점, 언론 탄압도 세계적으로 알려진다. 유신에 대해서 반대하는 이야기가 있다는 것을 사람들에게 알리지 않는 것이 원래 규제의 목적이었는데, 유신에 대해서 반대하는 사람들이 많다는 것을 한국 국민들과 세계 시민들이 모두 다 알게 된다.

《동아일보》 광고 탄압 규제는 몇 개월을 끌다가 결국 《동아일보》가 자유언론실천선언에 참여한 기자들을 해고하는 선에서 마무리된다. 113명의 《동아일보》 기자들이 강제 해직을 당했다. 혹자는 이렇게 기자들이 해고된 것을 보고 결국 《동아일보》가 항복했다고 보기도 한다. 하지만 당시는 유신 독재 시대다. 이렇게 한국과 세계에서 큰 이슈가 되고 정권의 문제점이 부각 되었는데, 일부 기자들의 해고로 끝난 것은 비극적 결말이라고 보기 힘들다. 당시 유신 시대 분위기를 감안하면 《동아일보》는 회사 문을 닫고, 기자들은 잡혀가는 것이 예상되는 결론이었다.

이 사건은 유신 정권의 문제점을 말해주는 상징적 사건으로 이후 계속해서 언급된다. 오늘날 《뉴욕타임스》가 대부분의 기사들을 무료로 공급하면서 《동아일보》 사태 기사는 유료로 제공할 만큼 세계 언론사에서도 특이한 사건이었다. 유신 정권의 문제점을 알리지 않으려다가 오히려 유신 정권의 문제를 드러내고 역사적 사건으로 만든, 역설적 효과를 발생시킨 탄압 규제였다.

1979년 박정희 대통령이 죽은 다음에, 당시 유명한 야당 지도자였던 김대중(15대 대통령)에게 기자가 묻는다. "박정희 대통령의 업적이라면 무엇이 있겠습니까?" "국민들에게 하면 된다는 정신을 심어준 것입니다."

한국 국민들은 조선 말기, 일제시대, 한국전쟁의 혼란을 거치면서 우리도 잘 살 수 있다는 아무런 희망이 없었다. 그런데 박정희로 인해 국민들이 '하면 된다'는 희망을 가질 수 있게 되었다. 일반적으로 박정희 대통령의 업적으로는 경제발전을 이야기하는데, 김대중은 하면 된다는 정신을 꼽았다. 한평생 박정희와 대립한 김대중이 이것을 박정희의 업적으로 평가한 것은 놀랍다. 김대중의 진단이 보다 근본적일 것이다.

그런데 이 '하면 된다'는 것은 현재 많이 왜곡되어 있다. '하면 된다'가 효과가 있는 경우는 수단과 방법을 계속 찾으면서 목적 달성을 추구할 때다. 그런데 목적과 관계없이 그 수단과 방법을 고수하면서 '하면 된다'고 외치는 경우가 있다. '하면 된다'는 대상이 목적이 아니라 수단이자 방법이다. 수단과 방법에 집착한 채 '하면 된다'고 외치면 원래 목적과 다른 결과가 나올 수밖에 없다. 이렇게 규제의 역설이 만들어진다. '하면 된다'로 만들어지는 규제의 역설을 살펴보자.

# 일본 군대를 망하게 한 일본 사관학교 교육

20세기 초, 일본 장교들은 일본에서 손꼽히는 엘리트들이었다. 어느 나라, 어느 시대나 장교는 그 나라의 엘리트 계급 중 하나이긴 하다. 우리나라에서도 현재 사관학교에 입학하기 위해서는 웬만한 명문 대학에 들어갈 수 있는 정도의 자격과 실력이 필요하다. 미국의 웨스트포인트 사관학교도 미국의 엘리트들이 모인 곳으로 전 세계에 이름이 나있다. 그런데 20세기 초 무렵의 일본 장교는 그런 것보다 훨씬 더 높은 평가를 받는 엘리트였다.

우선 이때 일본은 군국주의 시대였다. 러일전쟁, 만주사변 등으로 일본의 국력이 증가되는 데 일본 군대는 절대적인 역할을 했다. 특히 1936년 2월 26일, 일본 군대의 쿠데타 사건이 벌어진 이후 군대의 힘은 다른 집단의 힘을 압도했다. 관료, 정치가, 기업가 등 다른 집단보다 군인들이 실제로 일본을 움직이는 실세였다. 사회에서 가장 출세를 보장받을 수 있는 길은 성공한 군인이 되는 것이었다. 일본의 최고 엘리트들이 일본 사관학교를 지원했다. 일본 사관학교를 나오는 것이 일본을 이끄는 리더가 되는 가장 확실한 길이었다.

일본 사관학교는 청일전쟁, 러일전쟁의 승리를 계속 이어가는 우수한 장교들을 배출할 책임이 있었다. 그래서 일본 사관학교는 러일전쟁 때 승리한 우수한 군인들을 일본 사관학교의 중추로 삼아 교관에 임명했다.

이들은 사명감에 불타 열심히 생도들을 가르쳤다. 단순히 전쟁에 대해 이론만 아는 학자가 아니라 실제 러일전쟁, 중일 전쟁을 경험한 사람들이었고, 국운을 건 전쟁에서 승리한 영웅들이기도 했다. 그런 사람들이 주축이 되어 만든 교본으로 사관생도들을 가르치고 있으니, 원래 엘리트로 들어온 일본 사관생도들은 더욱 더 우수한 장교로 성장할 것이었다. 일본의 장교는 단순히 군대의 엘리트가 아니라 일본 전체의 엘리트였다.

1941년 12월, 일본이 진주만을 공습하면서 미국과 전쟁에 돌입했다. 미군은 일본군과 태평양 각지에서 전투를 벌인다. 한 사람의 실력은 본인 자신이 아니라 그 사람과 직접 겨뤄본 다른 사람이 더 잘 아는 법이다. 그럼 미군은 적군인 일본 장교들을 어떻게 평가했을까? 미군이 보기에 일본 최고의 우수한 엘리트들로 구성된 일본 장교들의 능력은 어떠했을까? 일본의 초엘리트라는 자평에도 불구하고, 미군의 일본 장교에 대한 평가는 '바보들'이었다. 일본군 전체를 바보로 본 게 아니었다. 일본군 중에서 부사관-하사관들은 능력 있는 군인들이었다. 일반 사병들은 정말로 우수한 병사들이라고 평가했다. 문제는 장교들이었다. 장교들은 바보였다. 하지만 군대에서는 일반 하사관이나 사병들이 아무리 똑똑하고 우수해도 소용이 없다. 이들은 장교의 명령대로 움직여야 한다. 장교가 바보면 그 부대 전체가 바보가 된다.

일본 장교들은 머리가 좋고 똑똑한 사람들이었다. 학생 때 공부를 잘한 우수한 학생들만 일본 사관학교에 진학할 수 있었다. 일본 장교들은 사관학교에서 열심히 공부를 했고 장교가 되어 전장에 나왔다. 그리고 사관학교에서 배운 대로 충실히 전투를 하고자 했다. 문제는 여기에 있었다. 사관학교에서 배운 것이 문제였다. 사관학교에서 배운 대로 충실히 싸우려고 하니, 막상 전장에서는 바보가 되는 것이었다. 사관학교에서 배운 대로 싸우다 부대원 모두가 전멸했다.

러일전쟁 당시의 전투에서는 무엇이 중요했을까? 총과 칼이 가장 중요했다. 총검이 없으면 군인이 아니었다. 그래서 사관학교에서도 총검이 가장 중요한 무기였고 가장 소중히 해야 하는 대상이었다. 총으로 적을 쏘는 능력이 군인으로서 가장 중요한 능력이었다.

그런데 미국과의 전쟁에서는 총검이 별로 중요하지 않았다. 미국은 대포를 쏘아대고 비행기에서 폭탄을 떨어뜨린다. 일본군은 총으로 적을 쏘려고 하는데, 미군이 보이지 않는다. 저 멀리서 대포만 쏘고 있다. 전장에 늘어서서 서로 총을 쏘아대면 충분히 이길 수 있는

데, 총격전이 벌어지지 않는다. 그럼에도 불구하고 총격전을 하려면 미군이 보이는 가까운 데로 가야 한다. 대포를 쏘아대는 미군에 대해 일본군은 총격전을 하기 위해서 가까이 다가가려고만 했다. 사관학교에서 배운 대로 하려면 그 방법밖에 없었는데, 미군에게 접근하는 동안 일본군의 피해가 컸다.

만약 총격전을 하는 상황이 왔다면 어떻게 됐을까. 러일전쟁 때는 일렬로 정렬해서 모두 같이 조준사격을 했다. 총의 명중률이 좋지 않아 한명이 따로따로 쏘면 적을 죽일 수 없다. 모두 같이 늘어서서 한 명의 적을 쏘면 명중률이 높았다. 분대가 모여서 공동으로 사격을 했다. 즉 일본군은 항상 한군데에 십여 명이 모여 있어야 했다. 그런데 미국은 넓은 공간에 서로서로 떨어져 있었다. 총의 성능이 좋아졌고, 한 번에 한 발씩 나가는 것이 아니라 연발로 나가기 때문에 혼자 독자적으로 움직여도 되었다. 일본군이 미군을 발견하면 한 명만 발견했다. 그런데 미군이 일본군을 발견하면 여러 명이 같이 있었다. 일본군 피해가 압도적으로 컸다.

러일전쟁 때는 분대장이 앞에 서고 나머지 부하들이 뒤를 따랐다. 지휘관이 용감하게 앞서 나가는 모습을 보여줘야 부하들이 따라나선다. 그래서 사관학교에서는 항상 소대장이 앞에 나서라고 가르쳤다. 태평양 전선에서 소위들이 부대 행렬 앞에 서고 부하들은 한 줄로 그 뒤를 따랐다. 그런데 동남아 밀림에서는 앞에 무엇이 있는지 알 수가 없다. 숨어있는 미군 병사들이 제일 먼저 만나는 것은 제일 앞장

서서 오는 소대장, 장교였다. 나머지 병사들은 모두 그 뒤에 있으니, 다른 곳에 일본군인이 있지 않을까 걱정할 필요도 없다. 밀림에서 숨어서 기다리고 있는 미군에게 일본군은 총알받이가 될 뿐이었다. 지휘관이 제일 앞에 있어 바로 죽일 수 있으니 나머지 병사들은 지휘관을 잃고 우왕좌왕한다.

전세가 어려워지면 일본군은 야간 기습을 했다. 반자이(만세)라고 외치며 한밤중에 기습을 했다. 처음에는 분명 기습의 효과가 있었다. 그런데 모든 전장에서 모든 부대가 다 밤에 반자이를 외치며 쳐들어온다. 모든 장교가 사관학교에서 야간 기습에 대해 배웠으니, 모든 부대가 다 전장에서 야간 기습을 했다. 모든 부대가 다 하는 기습은 기습이 아니다. 미군은 곧 언제 어디서 일본군이 밤에 기습을 할지 다 알게 된다. 상대방이 예상하는 기습은 치명적인 손실을 가져온다.

일본군은 버마, 태국, 인도네시아, 필리핀, 태평양의 섬들에서 똑같은 방식으로 싸웠다. 산세가 다르고 지형이 다르고 상대방이 가진 무기가 다른데도, 일본군의 싸움 방식은 항상 똑같았다. 일본 장교들이 모두 사관학교에서 배운 방식에 충실하게 싸웠기 때문이다. 처음에는 미군이 당했지만, 몇 번 당한 후에는 더 이상 당할 수 없었다. 같은 방식에 계속 당하는 것은 정말 바보만 하는 일이다. 미군은 곧 일본군 대응 방식을 만들어냈지만, 일본군은 똑같은 방식을 계속 고집했다. 1945년 이오지마에서 일본군이 게릴라전으로 바꿀 때까지, 무려 3년 넘게 일본군의 전투 방식은 바뀌지 않았다.

미군은 일본 장교들을 바보라고 생각했다. 일본 장교가 지휘하는 일본군은 무섭지 않았다. 일본 장교가 죽고 나서 부사관이 부대를 지휘하는 경우가 있는데, 이런 경우에 일본군은 강해졌다. 일본군의 문제는 장교였고, 그것은 일본 사관학교에서 받은 교육 때문이었다. 러일전쟁에서 싸운 방식을 철저히 익히게 하고, 그것만을 준수하게 한 일본 사관학교, 그리고 다른 전투 방법은 가르치지 않은 일본 사관학교가 일본군을 사지로 몰았다. 강군을 만들려고 한 일본 사관학교 교육이 약체 군대를 만들어낸 역설이었다.

# 독일의 프랑스 점령을 쉽게 한 마지노선 사수

1914년부터 1918년까지 제1차 세계대전이 발생했다. 유럽 여러 국가들이 참전을 했지만, 주요한 전선은 프랑스와 독일 간 국경에서 이루어졌다. 이때 전쟁 양상은 참호전이었다. 프랑스와 독일군이 서로 대치한 전선에서 길게 참호를 파고, 참호 속에서 총을 쏘는 방식으로 전투를 했다. 이때는 기관총이 전쟁터에서 큰 역할을 했다. 기관총이 수천 발, 수만 발의 총알을 쏘아대는데 땅 위에서 진격하거나 돌아다니는 것은 그냥 죽음을 재촉하는 짓이었다. 기관총의 총알 세례를 피하기 위해 참호를 파고 그 속에서만 움직였다.

참호 안에서 총을 쏘아대면 수비는 할 수 있다. 하지만 앞으로 나아갈 수는 없었다. 그래서 당시 프랑스와 독일 전선 사이는 거의 변화가 없는 소모전이었다. 《서부전선 이상없다》라는 소설은 이렇게 참호 속에서 전투를 하느라 거의 변화가 없는 전선을 묘사했다.

결국 전쟁을 마무리 짓기 위해 프랑스와 독일군은 참호에서 나와서 적의 참호를 향해 진격해야 했다. 하지만 참호에 대해 공격하는 것은 엄청난 희생을 가져왔다. 프랑스는 이 참호전에서 청년 인구의 약 40%를 잃어버린다.

제1차 세계대전 때의 기억은 프랑스의 악몽이 되었다. 그런데 히틀러의 독일이 부상하면서 또다시 전쟁 위험이 커져갔다. 프랑스는 독일의 침략을 받지 않기 위해서 강력한 참호를 만들기로 한다. 강력한 참호를 만들면 독일군이 침략하지 못할 것이다. 설사 침략하더라도 참호를 넘어서지 못할 것이다. 프랑스군은 참호 안에서 안전하게 국경을 지키며 전쟁을 수행할 수 있다. 그래서 만들어진 것이 마지노선Ligne Maginot이다.

마지노선은 당시 프랑스와 독일의 국경선 전체인 무려 750킬로미터 길이로 만들어진다. 당시 최첨단 건축 기술을 총동원해서 만들었다. 다중 철조망을 치고, 전차 방어 시설도 만들었다. 대형 포대를 만들고, 지하 설비도 만들었다. 내부 철도망도 만들어서 프랑스 기지 간에 서로 원활히 소통할 수 있게 했다. 프랑스는 이 마지노선 구축에 모든 국방력을 투입했다. 공군과 해군은 별로 안중에 없었고, 육군의 다른 곳에도 투자하지 않았다. 오로지 모든 전력을 이 마지노선 구축에 사용했다. 마지노선에서 가장 약한 곳의 콘크리트 두께가 3.5미터였다. 이 정도면 어떤 전차도 마지노선을 통과할 수 없었다. 인류 역사상 최고의 방어선이 구축되었다.

1939년, 독일에 의해서 제2차 세계대전이 발생한다. 독일은 프랑스를 공격하고자 했다. 하지만 프랑스에는 마지노선이 있다. 아무리 강하기로 소문난 독일군이라 해도 마지노선을 직접 공격할 수는 없었다. 독일은 마지노선 앞에 10만 명을 배치한다. 프랑스는 이 10만 명을 보고 독일군이 마지노선을 공격할 거라고 생각한다. 독일은 벨기에 북쪽 지방도 공격했다. 연합군들은 이 벨기에 북쪽을 지키기 위해 군대를 배치한다.

이 모든 건 함정이었다. 독일군의 진짜 주력인 기계화 부대가 벨기에 동남쪽으로 진격한다. 독일 기계화 부대는 프랑스와 벨기에 사이에 있는 아르덴숲–뮤즈강 축선을 4일 만에 돌파하고 프랑스 영토로 진입한다.

프랑스는 마지노선만 믿고 있었다. 마지노선에 모든 방어력을 집중했고, 실제 마지노선은 독일군을 막아낼 힘이 있었다. 하지만 독일은 마지노선을 공격하지 않고 다른 루트로 프랑스를 공격했다. 마지노선만 믿은 프랑스의 오류였다.

여기까지는 정책의 실패다. 실패는 분명하지만 역설이라고 할 거리는 없다. 하지만 이 이후의 프랑스 상황은 단순한 정책의 실패를 넘어서 정책의 역설을 잘 보여준다.

독일군이 프랑스 국경 내로 들어왔다. 벨기에를 지키기 위해 파견된 연합군은 이제 포위 상태가 되었다. 벨기에 전선을 지키려던 건 독일군이 프랑스로 들어오는 길을 막기 위해서였다. 그런데 이미 독일군은 프랑스로 들어왔다. 연합군은 벨기에 전선을 더 이상 지킬 필요가 없었기 때문에 도버 해협을 건너 영국으로 철수한다.

독일군이 프랑스로 들어오면서 마지노선을 지키던 프랑스군도 포위 상태가 되었다. 독일 국경선에 10만 명의 군대가 있고, 프랑스 영토 내에 독일 기계화 군대가 들어와 있었다. 독일군이 이미 프랑스에 들어왔으니 프랑스 군대는 마지노선에서 후퇴해서 프랑스 내부에 있는 독일군과 싸워야 한다. 하지만 프랑스 군대는 마지노선에서 후퇴하지 않았다. 프랑스 내로 들어온 독일군과 싸우기 위해 군대를 이동하지도 않았다. 프랑스 군대는 지금까지와 같이 계속해서 마지노선 사수를 외쳤다.

보통 마지노선에서 유명한 장면은 독일군이 마지노선을 피해서 벨기에를 통해 프랑스로 들어오는 장면이다. 하지만 규제의 역설 측면에서 볼 때 가장 극적인 장면은 독일군이 이미 프랑스 영토로 들어온 상황에서 프랑스군이 마지노선 사수를 외치는 장면이다.

마지노선은 독일군의 프랑스 침입을 막기 위해서 만들어진 것이다. 하지만 이미 독일군은 프랑스 영토 내로 들어왔다. 마지노선은 이제 아무 소용이 없어진 것이다. 그러나 이런 상황에서 프랑스는 마지노선 사수를 외친다. 이때의 마지노선 사수는 무엇을 위해서였을까? 프랑스군은 그 목적과 수단을 완전히 망각한다. 마지노선 사수 그 자체가 목적이 되어 버렸다. 프랑스 본토가 독일군으로부터 침략을 당하든 말든, 마지노선 사수가 가장 중요한 일이 된 것이다.

프랑스군 50개 사단은 계속 마지노선 사수에 매달렸다. 모든 군대가 마지노선에만 몰려있으니 프랑스 본토는 독일군의 침략을 막을 군대가 하나도 없었다. 독일군은 아무 방해도 없이 파리 등 주요 도시들을 점령할 수 있었다. 마지노선 사수가 오히려 독일의 프랑스 점령을 더 쉽게 하는 역설이 발생했다.

그리고 프랑스 본토가 유린되는 상황에서 계속 마지노선에 있는 프랑스 군대에게 식량과 물자를 공급할 수는 없었다. 마지노선 부대들은 음식 등의 보급을 받지 못했고, 보급이 차단된 프랑스 군대는 마지노선에서 제대로 싸워보지도 못하고 항복할 수밖에 없었다. 제대로 된 전투가 벌어지지도 않았다. 독일군에게 중요한 것은 프랑스의 수도인 파리였지 마지노선이 아니었다. 그래서 독일군은 프랑스군과 싸워 마지노선을 점령하려 하지 않았다. 프랑스 군대는 혼자서 마지노선 사수를 외치다가 보급이 끊기자 항복한다.

마지노선은 실패한 군사 정책의 대표적인 예로 거론된다. 하지만 국경이 돌파된 상황에서 프랑스 군대가 계속 마지노선 사수를 외친 것은 단순한 정책 실패를 넘어선 것이다. 이때 프랑스 군대는 목적과 수단을 완전히 혼동했다. 수단에만 집착하느라 정작 원래 목적은 내팽개쳤다. 그리고는 프랑스 본토 방위를 하지 않아 오히려 독일군의 프랑스 점령을 더 손쉽게 해주었다. 프랑스를 독일군으로부터 지키기 위한 마지노선이 오히려 독일의 프랑스 점령을 쉽게 한 역설적인 정책이 되었다.

# 오명으로 인지도 높인 전남과 영암의
# F1 그랑프리 대회

세계에서 가장 큰 3대 스포츠 대회는 올림픽, 월드컵 그리고 F1 그랑프리 대회다. F1 그랑프리는 국제자동차연맹FIA이 주관하는 세계 최고의 자동차경주 선수권 대회다. 1955년부터 개최하기 시작해 현재 65년이 넘는 역사를 가지고 있다. F1은 매년 3월부터 11월까지 전 세계 각국의 약 20여 개 도시에서 돌아가면서 개최한다. 2020년도의 경우 3월 오스트레일리아 멜버른에서 첫 대회가 시작하고, 그 후 2주 간격으로 세계 F1 개최 도시를 순회할 예정이었다. 마지막 경기는 11월 아부다비 야스에서 열리고, 이때까지 각 경기에서의 등수를 합산하여 전체 등위를 매기는 방식이다. F1 그랑프리 경기를 직접 보기 위해 세계 각국의 경주장을 직접 찾는 관광객은 1회 평균 20만 명, 연간 400만 명으로 추산하고 184개 국에서 6억 명 이상의 사람들이 TV를 통해 F1 경기를 관람한다.

어떤 도시가 올림픽을 개최하면 전 세계 사람들이 그 도시에 대해 알게 된다. 월드컵을 개최하면 월드컵을 보는 전 세계 10억이 넘는 인구가 월드컵 개최 도시에 대해서 알게 된다. 올림픽, 월드컵 등 국제대회를 개최하면 개최 도시는 대부분 적자를 본다. 하지만 그렇게 적자를 본다는 것을 알면서도 국제대회를 개최하는 것은 올림픽, 월드컵 등을 개최하면 전 세계에서 그 도시에 대한 인지도가 높아지는 이점이 있기 때문이다. 홍보 효과에서 이만큼 좋은 이벤트는 없다.

한국에서는 1988년 올림픽이 열렸고, 1993년 대전 엑스포, 2002년 월드컵이 개최되었다. 즉 세계 주요 국가들이 한 번 정도는 개최하는 세계적 행사들을 치렀다. 세계적으로 명성이 있는 경기 및 행사 중에서 2010년 경까지 아직 한국이 유치하지 못한 것은 F1 그랑프리 경기였다. 전라남도가 이 F1 그랑프리를 유치하려고 노력하기 시작했다.

2005년 2월에 F1 그랑프리 운영자인 FOM과 F1 국내 유치를 위한 협상을 시작하고, 8월에는 F1 사업성에 대한 타당성 조사를 실시했다. 2006년도에는 전남도 의회가 F1 유치 동의안을 승인하고, 2006년 3월, F1 그랑프리를 전남 영암에 유치하는 계약을 맺었다. 2010년부터 2016년까지 한국에서 F1 그랑프리 경기를 열기로 하고, 그 이후 5년 동안 대회 개최를 더 할 수 있도록 하는 옵션이 마련되었다. 2006년 10월에 F1 한국 개최가 공식적으로 발표 되었고, 2008년 7월부터 영암 경주장 건설 공사가 착공되었다. 이렇게 시작된 자동차

경주용 서킷이 2년 여에 걸쳐 건설되었고, 마침내 2010년 10월 전남 영암에서 F1 그랑프리 대회가 개최되었다.

전라남도가 F1 그랑프리를 유치한 이유는 2가지였다. 하나는 F1을 통한 지역 경제 개발, 그리고 전남에 대한 홍보였다. F1 경기를 개최하면 전 세계에서 이 경기를 보기 위해서 사람들이 몰려온다. 특히 F1은 고급 스포츠로 인정받고 있고 입장권도 비싸다. F1 팬들이 와서 숙박비, 관광비 등으로 돈을 쓰면 그 효과는 대단할 것이다. 또 F1은 전 세계로 방송된다. 무려 6억 명 이상이 이 중계방송을 집중해서 본다. 월드컵, 올림픽은 한 번 개최할 뿐이지만, F1은 해마다 개최된다. 올림픽, 월드컵은 1년 요란하다가 그 다음에는 잊혀지지만, 해마다 열리는 F1은 개최지역 역시 해마다 반복해서 홍보된다. 지역 홍보 효과가 올림픽이나 월드컵보다 더 좋을 수 있다.

2010년도, 전남 영암에서 F1이 개최되었다. 전남 영암은 전 세계 F1 팬들에게 아주 유명한 지역이 된다. 그런데 문제가 있었다. 좋은 쪽으로 유명해진 것이 아니라 나쁜 쪽으로 유명해졌다. 전남 영암은 역대 최악의 F1 경기장이었다. 경기장만 만들어지고 주변 숙박 시설이 만들어지지 않아서 전 세계에서 몰려든 기자 등이 일반 모텔에 묵어야 했다는 것은 문제도 아니었다. 일단 경기장 자체가 완성이 덜 되었다. 경기장 주변은 길이 제대로 포장 되지도 않았다. 처음 2010년 영암 F1 경기가 열릴 때는 비가 왔었다. 입장객들은 진흙을 밟으며 경기장에 들어가야 했다. 경기장은 부실시공으로 문제가 되었다. 관람석 중 한 구역이 부실해서 출입금지 구역이 되었다. F1을 TV로 보는 시청자들은 관람객이 텅 비어 있는 의자들을 보게 된다. 한 구역 전체가 출입금지가 되었으니, 그 구역에 표를 산 사람은 다른 구역으로 가야 한다. 주최측은 대체 자리를 지정해주지 않고, 아무데나 가서 관람하도록 했다. 이 사람들이 아무데나 자기가 맘에 드는 자리에 가서 앉으니 다른 자리를 구입한 사람도 아무데나 앉을 수밖에 없었다. F1은 자동차가 질주하는 것이 얼마나 잘 보이느냐에 따라 구역 간 입장권 가격이 엄청나게 차이가 난다. 그런데 이것이 의미가 없어졌다. 어떤 표를 샀느냐에 상관없이 그냥 아무데나 가서 봐도 되었다. 비싼 표를 산 사람들에게는 재앙이었다.

가장 큰 문제는 경기장 주로였다. 경기 당일 비가 왔다. 비가 오면 빗물이 바로바로 빠질 수 있게 배수 장치가 되어 있어야 하는데, 영암 경기장에는 그런 배수 공사가 제대로 되어 있지 않았다. 중간중간 물웅덩이가 생겼다. 이런 물웅덩이를 고속으로 달리면 차가 미끄러지고 전복된다. F1 경주는 물웅덩이를 제거하기 위해 중간중간 정지되었다. 전 세계 6억 명의 F1 시청자들이 이런 영암의 문제에 대해 실시간으로 알게 된다. 영암은 곧바로 F1에서 굉장히 유명한 장소가 되었다. 홍보가 되기는 했는데, 긍정적 홍보가 아니라 부정적인 홍보가 이루어졌다.

경제적인 지역 개발 측면에서는 더 문제가 되었다. 처음 F1이 시행된 2010년도 한 해 동안에만 약 725억 원의 적자를 보았다. 경기장 건설비 약 4500억 원을 제외하고 순수하게 경기 운영과 관련해서 적자가 700억 원이 넘었다. 이 적자를 모두 전남도 예산에서 메꾸어야 했다. 전라남도 지역 개발을 위해 F1을 유치했는데 오히려 전라남도 경제를 갉아먹었다. 2011년에도 610억 원의 적자가 났고, 결국 2010년도부터 2013년도까지 약 2,000억 원의 적자를 보았다. 더 중요한 것은 적자폭이 감소하지 않는다는 점이었다. 처음에는 적자가 나더라도 상황이 개선이 되면 미래에 대한 희망을 가질 수 있다. 하지만 영암 F1은 해가 가도 적자 상황이 나아지지 않았다. 마지막에는 적자폭이 감소되었지만, 매출과 이익이 증가해서가 아니라 보조금이 증가해서였다.

재정 상황이 좋지 않은 지방자치단체가 이런 적자 속에서 계속 F1 그랑프리를 개최하는 것은 무리였다. 전남은 F1 개최권료를 반값으로 깎아달라고 요구했고, 이 요구가 받아들여지지 않으면 F1 대회 개최를 포기하겠다고 했다. F1측은 개최권 반값 할인 요구를 받아들이지 않고 2014년 스케줄에서 전남 영암을 제외한다. 결국 2014년부터는 F1이 전남 영암에서 열리지 않게 되었다. 원래 전남 영암의 F1 개최는 2016년도까지 계약되어 있었다. 계약 기간을 채우지 못하고 중도에 경기 개최를 포기했다. 계약 기간이 끝난 다음에 재계약을 하지 않은 도시는 좀 있다. 하지만 계약 기간 동안 중도 포기한 경우는 그랑프리 F1 역사상 거의 없는 일이었다. 전남 영암은 또 한 번 F1 분야에서 오명을 얻는다.

F1 그랑프리는 전남의 지역 개발, 그리고 전남의 국제적인 인식 제고를 위해 유치한 행사였다. 그러나 F1 그랑프리는 전남에 엄청난 적자를 안겨주었다. F1 그랑프리를 개최하지 않으니 4500억 원을 들여 만든 F1 경기장도 별 쓸모가 없어졌다. 경제개발은 되지 않고 엄청난 손실을 안겨주었다. 인식 제고 측면에서는 전남 영암은 정말로 세계적으로 유명해지긴 했다. 그런데 긍정적인 이름으로 유명해진 것이 아니라 부정적인 측면으로 유명해졌다. 이름이 알려지지 않느니만 못한 역설적인 효과가 발생했다. F1 그랑프리 개최는 지역개발의 역설이 되었다.

# 농지 황폐화를 불러온
# 중국의 다자이 마을 따라하기

중국 산시성의 다자이 마을은 대약진 운동과 문화대혁명 기간 동안 농촌 발전의 주요 모델이었다. 다자이 마을은 1963년에 대홍수를 겪으면서 마을 전역이 황폐화되었다. 이때 다자이 마을 사람들은 모두 힘을 합쳐 새로운 농지를 개간한다. 일반 평지에 있던 밭은 대홍수에 모두 쓸려 내려갔다. 그래서 다자이 마을 사람들은 산을 개간한다. 산 꼭대기부터 산 밑바닥까지를 논밭으로 만들었다. 기울어진 산기슭에서 농사를 지을 수는 없으니 산을 계단식으로 만들었다. 그동안 나무가 심어져 있던 숲을 개간해서 모두 계단식 논밭을 만들었다. 농지가 많아지니 생산량도 늘었다.

다자이 마을은 대홍수의 아픔을 이겨내고 재건에 성공한다. 오히려 이전보다 더 많은 농지를 가지게 되고 더 많은 생산을 하게 되었다. 다자이 마을의 사례는 곧 중국 언론에 소개된다. 1964년 2월,《인민일보》는 다자이 마을을 홍보했다. 마을 주변의 숲을 바꾸어 농업 생산량을 증가시켰다. 자연 환경을 극복하고 자연 환경의 한계를 이겨낸 우수 사례였다.

1964년 12월 당시 중국 총리인 저우언라이와 최고 지도자 마오 쩌둥은 전국인민대회에서 전 인민을 대상으로 다자이의 농업을 배우라는 메시지를 전했다. 농지를 개간하면 더 많은 식량을 생산할 수 있다. 숲을 갈아 계단식 논밭을 만들면 농지가 늘어날 수 있다. 이걸 중국의 최고 지도자가 관심을 가지고 지시했다. 곧 중국 각지에서 다자이 모델을 따라 산을 개간하기 시작했다. 계단식 논밭을 만들고, 거기에 농산물을 심었다.

다자이 모델은 이후 정치적인 흥망을 겪는다. 마오쩌둥이 집권하고 있던 기간 동안 다자이 마을은 중국에서 가장 모범적인 마을이었고, 다른 마을들이 벤치마킹할 대상이었다. '다자이를 배우자'라는 표어는 마오쩌둥 집권 기간 내내 주요한 선전 과제였다.

다자이 모델의 실패가 알려지고 권위가 실추되기 시작한 것은 마오쩌둥이 사망하고 덩샤오핑이 권력을 잡으면서부터다. 덩샤오핑은 마오쩌둥과 달리 개방정책을 실시했고, 마오쩌둥 시대의 정책들을 수정했다. 다자이 마을에 대한 비판도 시작한다.

다자이 마을이 소속된 시양 현에서는 1973년도 이후 다자이 마을의 식량 생산량이 허위로 보고되었다고 발표했다. 그동안 다자이 마을의 성과를 계속 내세우기 위해서 실제 농업 생산량보다 더 많이 생산했다고 발표했던 것이다. 또 이 실적의 많은 부분도 정부의 보조금 때문이었다. 중앙정부와 지방정부의 보조금이 있었고, 이것 때문에 더 많은 실적을 올릴 수 있었다.

그리고 다자이 마을 사례를 전국 마을에 똑같이 적용하려 한 것도 문제였다는 비판도 나왔다. 설령 다자이의 개간이 다자이 마을에 맞는 방안이었을지는 몰라도 다른 지역들에 그대로 적용할 수 있는 모델은 아니었다. 하지만 그동안 다자이 개간 사례를 중국 다른 마을에 그대로 적용하도록 다그쳐왔다. 이런 농업 정책에 문제가 있다는 비판이 나왔다. 결국 다자이 모델은 폐기된다. 1964년 이후 15년 넘게 중국의 농업 혁신 모델로 칭송받아왔던 다자이 마을은 마오쩌둥 시대의 문제점을 보여주는 부정적인 사례가 되었다.

그런데 이런 정치적인 부침을 제외하고, 순수하게 다자이의 개간은 식량 생산에 어떤 효과를 가져왔을까? 다자이 운동은 산을 개간해서 밭으로 만드는 것이었다. 그동안 쓸모없었던 산을 농지로 만드는 것이 핵심이었다. 다자이 마을은 숲을 농지로 만들어서 분명히 생산량 증대 효과가 있었다. 하지만 다른 마을들도 모두 다자이 마을을 따라서 숲을 농지로 바꾸면서 이야기가 달라졌다.

생태계에서 산과 숲이 차지하는 주요한 기능 중 하나는 흙과 물을 유지하는 것이다. 비가 내리면 그 비를 숲이 오랫동안 머금고 있다가, 조금씩 숲에서 물이 빠져나가면서 냇물이 되고 강이 되어 흐른다. 그런데 다자이의 개간은 그 숲의 나무를 없애고 논밭을 만드는 것이다. 평지의 숲도 아니고, 산의 숲이다. 산 비탈길의 숲이 계단식 논밭으로 바뀌면서 더 이상 빗물을 머금지 못하게 되었다.

산에 나무가 없으니 비가 오면 그 물이 땅 속으로 스며들지 않고 떠내려간다. 그런데 그냥 떠내려가지 않고 표면의 흙을 쓸어 담고는 떠내려갔다. 농사를 짓기 위해서는 흙이 필요한데, 그 흙이 쓸려 사라진다. 다자이 혁명 시기에 황허에 유입되는 토사의 양은 이전보다 3분의 1 정도가 늘었다. 비에 같이 떠밀려온 토사들이다. 농토에서는 그만큼 흙을 잃었다. 농산물은 흙 속에 있는 자양분을 흡수하면서 자란다. 흙이 쓸려 나가면서 자양분도 같이 쓸려 나가고, 결국 농산물 수확량도 감소했다. 중국의 대약진 시대, 문화대혁명 기간 동안 많은 중국인들이 굶주리게 된 것은 다자이 모델에 따른 숲 파괴도 중요한 원인 중 하나였다.

산의 비탈에서 자라는 나무를 베고 농지를 만드는 것은 자살 행위였다. 농지는 증가하지만 생산량은 감소한다. 1981년, 중국은 다시 숲을 살리기 위한 조치를 시작한다. 11세 이상의 모든 사람들은 1년에 3~5그루의 나무를 심도록 했다. 특히 산기슭 같이 가파른 장소에 우선적으로 나무를 심게 했다. 단순히 농지를 개간해서 늘린다고 생산량이 증가하는 것은 아니었다. 산을 개간해서 논밭을 만드는 것은 결국 농업 생산량을 줄이는 길이었다. 산기슭의 나무를 없애고 논밭을 만들라고 한 중국의 규제는 엄청난 역설적인 효과를 불러일으켰다.

# 전략 대신 운에 맡기는 베팅 한도 규제

한국에서 한국인이 이용할 수 있는 카지노는 강원랜드뿐이다. 세븐 럭Seven Luck 등 다른 카지노들은 외국인만 입장할 수 있고 한국인들은 이용을 금지하고 있다. 강원랜드는 예외적으로 한국인의 입장을 허용하지만, 강원랜드를 이용하는 사람들이 도박을 하다가 큰돈을 잃으면 곤란하다. 그래서 이용자가 많은 돈을 한꺼번에 잃는 것을 방지하기 위해 베팅액에 한도를 둔다.

라스베이거스나 마카오의 카지노는 한 번에 1000만 원까지도 베팅할 수 있다. 이렇게 큰돈을 베팅에 걸었다가 잃으면 곤란하다. 그래서 한국의 카지노는 기본적으로 10만 원까지만 베팅할 수 있도록 한다. 고객이 많은 돈을 잃지 않게 해주는 규제이고, 그 이상을 베팅하면 불법이다. 일정 비율까지는 30만 원까지 베팅할 수 있는 테이블도 있지만, 기본적으로 10만 원까지만 베팅을 할 수 있다.

그런데 이 베팅액 규제는 실질적으로 카지노 이용객이 카지노에서 돈을 버는 것을 막는다. 전략이 아니라 그냥 운에 맡겨서 게임을 하게 만들기 때문이다. 카지노의 모든 게임은 1%~2% 정도 카지노 측에 유리하도록 설계되어 있다. 운에 맡기고 카지노 게임을 하면 베팅액의 1%~2%가 계속해서 카지노 몫으로 빠진다. 결국 카지노 게임을 운에 맡긴 채 오래 하면 카지노가 돈을 벌 수밖에 없다.

카지노에서 돈을 벌기 위해서는 운에만 맡기지 않고 전략적으로 게임을 해야 한다. 하지만 카지노 룰렛 게임에 전략을 내밀어본들 빨간색, 검은색으로 나오는 결과를 달라지게 할 수는 없다. 카지노 게임의 결과는 랜덤이다. 전략이 필요한 곳은 게임 그 자체가 아니라 게임에 적용하는 베팅이다. 카지노 게임의 승패는 운이다. 하지만 1만 원 베팅을 해서 다섯 번을 잃어도, 10만 원 베팅한 게임에서 한 번 이긴다면 결국은 5만 원을 번다. 그래서 카지노에서의 전략은 어떻게, 얼마를 베팅하느냐다. 카지노에서 정말로 운에 맡기고 게임하는 사람은 결국 잃을 수밖에 없다. 하지만 전략적으로 베팅을 하면 수익이 날 수 있다.

가장 대표적인 베팅 전략은 마틴게일 방법이다. 마틴게일은 곱지르기 전략이라고도 한다. 룰렛 게임에서 빨강에 1만 원을 베팅해서 잃으면 다음에도 역시 빨강에 2만 원을 베팅한다. 또 잃으면 그 다음에는 4만 원을 베팅하고, 또 잃으면 8만 원을 베팅한다. 계속 잃으면 16만 원, 32만 원식으로 베팅액을 높인다. 룰렛 게임에서 빨강이 나올 확률과 검정이 나올 확률은 1/2이다. 끝없이 검정이 나올 리는 없다. 언젠가는 빨강이 분명히 나온다. 계속해서 빨강에 베팅을 하다 보면 언젠가는 빨강이 나오고 이익을 낼 수 있다. 이것을 표로 나타내면 다음과 같다.

### 마틴게일 베팅 시스템

| 회수 | 베팅액 | 이겼을 때의 배당액 | 이길 때까지의 투자액 | 이익 (배당액 – 투자액) |
|---|---|---|---|---|
| 1 | 1 | 2 | 1 | 1 |
| 2 | 2 | 4 | 3 | 1 |
| 3 | 4 | 8 | 7 | 1 |
| 4 | 8 | 16 | 15 | 1 |
| 5 | 16 | 32 | 31 | 1 |
| 6 | 32 | 64 | 63 | 1 |
| 7 | 64 | 128 | 127 | 1 |
| 8 | 128 | 256 | 255 | 1 |
| 9 | 256 | 512 | 511 | 1 |
| 10 | 512 | 1024 | 1023 | 1 |

즉 마틴게일 베팅 방법을 사용하면, 처음에 빨강에 베팅하면 최종적으로 빨강이 나올 때까지 몇 번을 베팅하더라도 확실하게 1만 원은 벌 수 있다. 이에 대한 변형 시스템도 있는데, 아래 표와 같이 1만 원, 3만 원, 7만 원, 15만 원식으로 베팅할 수도 있다. 그러면 한 게임에 1만 원꼴로 계속 이득을 볼 수 있다.

## 마틴게일 베팅 시스템 변형

| 회수 | 베팅액 | 이겼을 때의 배당액 | 이길 때까지의 투자액 | 이익 (배당액 - 투자액) |
|---|---|---|---|---|
| 1 | 1 | 2 | 1 | 1 |
| 2 | 3 | 6 | 4 | 2 |
| 3 | 7 | 14 | 11 | 3 |
| 4 | 15 | 30 | 26 | 4 |
| 5 | 31 | 62 | 57 | 5 |
| 6 | 63 | 126 | 120 | 6 |
| 7 | 127 | 254 | 247 | 7 |
| 8 | 255 | 510 | 502 | 8 |
| 9 | 511 | 1022 | 1023 | 9 |
| 10 | 1023 | 2046 | 2036 | 10 |

마틴게일 시스템이든 변형 시스템이든, 카지노게임 결과에 따라 베팅 액수를 늘리는 것이 필요하다. 카지노 게임은 그냥 운에 맡기기만 하면 잃을 수밖에 없다. 평소에는 잃다가 기회가 왔을 때 많은 금액을 베팅해야만 수익을 얻을 수 있다.

그런데 현재 한국의 카지노에서는 10만 원의 베팅액 규제를 하고 있다. 10만 원의 베팅 한도가 있으면, 마틴게일 시스템을 쓸 수 없다. 마틴게일 시스템을 이용하려면 1회에는 1만 원, 2회에는 2만 원, 3회는 4만 원, 4회는 8만 원, 5회째는 16만 원을 베팅해야 한다. 그런데 10만 원 베팅한도가 있으면 4회까지만 베팅을 할 수 있다. 5회째 베팅이 금지된다. 변형 시스템을 이용하면 1회 1만 원, 2회 3만 원, 3회 7만 원, 4회 15만 원을 베팅해야 한다. 이때는 3회까지만 베팅할 수 있다. 그런데 카지노 게임에서 4회 연속으로 빨강이 나오거나 검정이 나오는 건 일상적으로 있을 수 있는 일이다. 10만 원 베팅 한도 안에서는 어떤 전략도 만들 수 없다. 게이머들은 그냥 운에 맡겨서 게임을 할 수밖에 없고, 결국 운 좋은 사람 말고는 수익을 낼 수 없다.

라스베이거스나 마카오 카지노의 경우에도 베팅 한도가 있다. 그런데 라스베이거스나 마카오에서 베팅 한도를 두는 것은 사람들이 마틴게일을 쓰지 못하도록 하기 위해서다. 마틴게일 기법을 쓰면 분명히 게이머들이 돈을 벌 수 있기 때문에 카지노에서 자체적으로 베팅 한도를 두고 있다. 보통 베팅 한도는 1000만 원 정도다. 1000만 원 베팅까지는 마틴게일 기법을 써도 되지만 그 이상은 안 된다고 규정을 만들었다. 그 정도만 되어도 카지노에서는 큰 손실을 보지 않는다는 뜻이다.

그런데 한국에서는 10만 원 베팅 한도를 정부가 직접 규제하고 있다. 정부는 게이머가 돈을 잃는 것을 막기 위해 이 베팅 한도 규제를 만들었지만, 이 규제는 실제 게이머가 운에 의해서만 게임을 하고 어떤 전략도 쓰지 못하게 만든다. 게이머가 돈을 벌지 못하게 하고 카지노의 이익을 높여주는 규제일 뿐이다.

# 도박 중독을 심화시키는 카지노 입장 제한

정선 강원랜드 카지노는 한 번에 10만 원 이상 베팅할 수 없게 하는 규제 외에 입장 제한 규제도 있다. 강원랜드 카지노는 한 달에 15일까지만 입장할 수 있다. 그 이상은 출입을 금지한다. 한 달에 15일까지 출입할 수 있지만, 1월에 15일, 2월에 15일 식으로 출입할 수도 없다. 2개월 연속해서 15일을 출입하려면 리조트 카드를 의무적으로 발급받고 중독 예방 의무 교육을 받아야 한다. 2개월 연속으로 15일 출입이 아니라 하더라도, 3달 사이에 30일 이상 출입하는 사람은 모두 이런 중독 예방 의무 교육을 받아야 한다.

전 세계 카지노 중에서 고객들의 입장일을 제한하는 곳은 없다. 미국의 라스베이거스나 마카오 카지노 들 중에서 고객들이 한 달에 며칠 이상 들어오지 못하게 막는 곳은 없다. 아니, 원래 카지노는 누가 몇 번이나 입장하는지 체크하지도 않는다. 백화점을 갈 때, 백화점에서 손님들을 대상으로 한 달에 몇 번이나 백화점에 오는지 체크하는 일은 없다. 술집에서 사람들이 자기네 가게에 한 달에 몇 번이나 오는지 확인하지도 않는다. 그런데 강원랜드 카지노에서는 모두 체크를 한다. 누가 강원랜드에 들어가는지, 1달에 몇 번이나 오는지, 2달, 3달에 몇 번이나 입장하는지를 모두 체크한다.

이렇게 입장 일수를 체크하는 이유는 도박 중독을 막기 위해서다. 사람들이 도박 중독에 빠져 매일 도박만 하면 곤란하다. 카지노에서 하루 종일 도박만 하면 안 된다. 사람들이 카지노에서 도박을 많이 못하게 해야 하는데, 그러려면 입장을 금지시켜야 한다. 한국에서 사람들이 들어갈 수 있는 카지노는 강원랜드밖에 없다. 강원랜드 입장을 금지시키면 더 이상 도박을 하지 못할 것이다. 사람들의 도박 중독을 방지할 수 있다.

강원랜드 입장일수 제한은 계속 강화되고 있다. 처음에는 입장일수 제한이 없었다. 한 달 내내 강원랜드에 입장할 수 있었다. 2004년 입장일수 제한 규제가 생겼다. 1달에 20일까지만 입장할 수 있게 했다. 지금은 1달에 15일까지만 입장할 수 있다. 한 달에 반은 카지노 도박을 할 수 있지만, 나머지 날은 카지노 도박을 할 수 없다.

그러면 이렇게 카지노 입장을 막고 한 달에 15일 이상 도박을 하지 못하게 한 결과로 도박 중독자가 감소하였을까? 카지노 게임을 하는 사람들은 15일만 카지노에 가고, 나머지 15일은 도박을 하지 않는 건전한 생활을 하게 되었을까? 그럴 리는 없다. 어차피 한 달에

15일 이상 카지노를 다녔던 사람들은 카지노에 빠진 사람들이다. 제대로 직장이 있고 일자리가 있는 사람이 한 달에 15일 이상 카지노를 다니는 것은 불가능하다. 규칙적으로 출퇴근해야 하는 직장이 없고 카지노를 정말로 즐겨야만 15일 이상 카지노를 다닐 수 있다.

매일매일 카지노를 다니던 사람들이 이제 더 이상 카지노를 갈 수 없게 되었다. 이 사람들은 카지노를 가지 않고 건전한 생활을 하는 것이 아니라 불법 카지노를 찾는다. 카지노 게임은 해야겠고, 합법 카지노인 강원랜드는 더 이상 들어갈 수 없다. 그러면 불법 카지노를 할 수밖에 없다.

불법 카지노는 온라인 카지노와 오프라인 카지노가 있다. 온라인 카지노는 말 그대로 인터넷 상에서 돈을 걸고 카지노 게임을 한다. 온라인 불법 사이트를 이용하는 사람이라면 일부러 강원도 멀리 있는 강원랜드까지 갈 필요가 없다. 카지노 게임을 하고 싶으면 그냥 온라인 도박 사이트를 찾으면 된다.

그런데 카지노 현장을 좋아하는 사람들도 있다. 이 사람들이 더 이상 강원랜드를 들어가지 못하게 되면 오프라인 카지노를 찾는다. 불법 카지노 하우스를 찾아가서 게임을 한다.

강원랜드는 베팅 한도가 10만 원, 최대 30만 원이다. 하지만 불법 카지노 하우스는 베팅 한도가 없다. 100만 원, 200만 원, 돈을 있는 대로 다 베팅할 수 있다. 강원랜드는 하루에 운영 시간이 있다. 불법 카지노 하우스는 24시간도 굴러간다. 강원랜드보다 불법 카지노 하우스에서 베팅하는 금액이 훨씬 더 클 수밖에 없다. 도박 중독도 불법 도박에서 더 큰 법이다.

도박 중독이 문제라고 하지만, 실제 도박 중독이 많은 것은 합법 도박이 아니라 불법 도박에서다. 도박중독관리 센터를 방문하는 도박 중독자는 대부분 불법 도박자다. 불법 도박에서 도박 중독 문제가 심각한 것이다.

강원랜드는 합법 사행산업이다. 강원랜드를 가는 사람들 중에는 도박 중독자가 그렇게 많지 않다. 문제는 불법 카지노를 가는 사람들이다. 이 사람들 중에 도박 중독자가 많다.

그러면 도박 중독을 줄이기 위해서는 어떻게 해야 할까? 사람들을 최대한 합법 도박 영역으로 묶어두어야 한다. 보통 강원랜드에 오래 있어도 심각한 도박 중독까지는 가지 않는다. 하지만 강원랜드는 사람들을 쫓아낸다. 강원랜드를 더 이상 오지 말라고 한다. 그런데 도박하는 사람들은 강원랜드에서 오지 말라고 해서 더 이상 도박을 안 하게 되지는 않는다. 불법 도박장을 찾는다. 불법 도박장에서 계속 도박을 하다 보면 도박 중독에 빠질 확률이 높다. 24시간 계속해서 베팅액 제한이 없는 상태로 계속 도박을 하면 도박 중독에 걸릴 확률이 크게 증가한다.

강원랜드 입장 제한 조치는 도박 중독을 줄이기 위해서다. 하지만 강원랜드 입장 제한 조치는 사람들을 불법 도박장으로 몬다. 그래서 결국 더 심각한 도박중독 문제를 만들어낸다. 도박 중독을 줄이고자 하는 조치가 오히려 도박 중독을 심화시키는 규제의 패러독스가 발생하는 영역이다.

# 규제는 선한 의도대로 결과가 나오는 것이 아니다

우리는 스스로 인식하든 인식하지 못하든 수많은 규제 속에 살고 있다. 지금 우리가 지켜야 하는 생활규범들을 생각해보라. 쓰레기는 길에 버리면 안 된다. 분리수거를 해야 한다. 음식물 쓰레기는 음식물 쓰레기통에 따로 버려야 한다. 의도적으로 층간 소음을 일으키지 않아야 한다. 교통 신호를 지켜야 한다. 대중교통을 타면서 질서를 따라야 한다. 바로 이런 것들이 규제다. 커피숍에서 1회용 컵을 사용하지 못하는 것도, 사우나에서 샴푸 등을 제공하지 않는 것도, 최저임금을 지키고, 의료보험료를 내고, 세금을 내고 하는 것까지 모두 규제다. 규제가 완전히 생활화되어서 규제라는 것을 느끼지 못하는 경우가 더 많을 정도다.

이런 규제들은 계속해서 만들어지고 있다. 2019년 1년 사이에만 876건의 규제가 입법 예고되었다. 10년이면 8천 건, 20년이면 1만

7천 건이 넘는다. 이런 규제들은 모두 좋은 의도로, 더 나은 세상을 만들기 위해서 제정된다. 국민들을 괴롭혀야지, 이 사회를 나쁘게 만들어야지라고 의도하고 만드는 규제는 하나도 없다.

그런데 이상하다. 이렇게 국민들을 위해서, 좋은 사회를 만들기 위해서 1년에 800건이 넘는 규제가 만들어지는데 이 사회는 왜 아직도 문제들이 넘쳐나는 걸까? 이렇게 오래 노력했으면 이제 아무 문제 없는 사회가 되어 있어야 하는 게 아닐까?

단지 이번 1년만 국민을 위해 규제를 만든 거라면 아직 부족할 수 있다. 하지만 지난 몇 십 년간 계속해서 규제를 만들어왔는데, 그러면 지금쯤이면 충분히 모든 국민들이 큰 문제 없이 살 수 있는 사회가 되었어야 하지 않나?

규제는 분명 보다 좋은 사회를 만들기 위해서 제정한다. 1년에 수백 건이 만들어지고, 그동안 만든 규제는 1만 건이 훨씬 넘는다. 그런데도 사회가 좀처럼 살기 편해지지 않는다고 한다면 그 이유는 분명하다. 규제들이 제대로 효과를 내지 못하고 있기 때문이다.

규제가 제대로 효과를 내지 못하는 주요한 원인 중 하나가 규제의 역설이다. 보다 좋은 사회를 만들려고 어렵게 규제를 만들어 시행했는데, 오히려 나쁜 결과를 만들어내는 경우가 있다. 물론 긍정적인 효과를 만들어내는 규제들도 있다. 하지만 좋은 규제로 좋은 결과를 만들어냈다 하더라도, 규제의 역설을 일으키는 규제 몇 개만 있으면 그 긍정적 효과는 사라진다. 좋은 규제를 만들려고 노력하는 것보다 규제의 역설을 일으키는 규제를 하지 않는 것이 더 중요하다.

그러면 어떻게 하면 규제의 역설을 일으키지 않을 수 있을까? 가장 중요한 것은 좋은 의도만으로 규제를 만들지 않는 것이다. 많은 규제가 사회를 보다 좋게 하겠다는 선의를 가지고 만들어진다. 좋은 의도를 가지고 만들기는 하는데, 그 결과가 어떻게 될지는 별로 고려하지 않는다. 개인 입장에서는 의도가 무엇인가가 중요하다. 착한 사람인가 나쁜 사람인가는 보통 결과보다는 그 의도로 판단한다. 결과는 나쁘더라도 그 의도가 충분히 좋았다면, 보통 그 사람은 좋은 사람으로 칭송 받는다. 그런데 개인이 아니라 사회적 영역에서는 의도가 아니라 결과로 평가되어야 한다. 아무리 좋은 의도라 하더라도 결과가 나쁘다면, 사회적 수준에서는 긍정적으로 평가될 수 없다.

규제를 만들 때는 그 결과가 어떨 것인가를 제대로 파악하고 만들어야 한다. 선의로 만드는 것, 좋은 의도로 만드는 것, 좋은 사회를 위해서 만드는 것, 사회에서 꼭 필요하다고 생각해서 만드는 것은 큰 의미가 없다. 그 결과가 정말로 좋게 나오는지 여부가 중심이 되어야 한다. 그런데 이게 잘 되지 않는다. 입법 예고를 봐도, 왜 이 규제가 필요한가에 대해서는 자세히 이야기하지만, 그래서 그 규제가 어떤 결과를 만들어낼 것인가에 대해서는 별로 이야기하지 않는다. 지금 우리들은 '좋은 의도'에 의해서 규제를 만들고 있다. '좋은 결과'는 그리 중요하지 않다.

그 다음으로 중요한 것은 규제를 너무 증상만으로 처방하지 않는 것이다. 환자가 배가 아프다고 하면 배가 아프지 않게 진통제를 주고, 이빨이 아프다고 하면 이빨이 아프지 않도록 하는 진통제를 주는 의사가 있다고 하자. 진통제를 먹은 환자는 더 이상 배가 아프지 않고 이빨이 아프지 않다. 이 의사는 환자가 고통을 호소하면 그 고통을 바로바로 없애준다. 그러면 이 의사는 환자를 잘 고치는 좋은 의사일까?

이런 사람을 우리는 의사로 인정하지 않는다. 배가 아프다고 하면 왜 배가 아픈지 그 이유를 진단하고, 배가 아픈 원인을 치유해야 한다. 위에 염증이 있으면 염증을 치료해야 하고, 장이 안 좋으면 장을 고쳐야 한다. 이빨이 아프다고 하면 이빨이 왜 아픈지를 파악하고 그 원인을 제거해주어야 한다. 아프다고 하는 증상을 없애는 것이 아니라, 아픈 원인을 찾아내서 없애야 한다. 그래야 제대로 된 의사다.

증상을 치료하는 것이 아니라 원인을 치유해야 한다. 누구나 다 알고 있는 상식이다. 그런데 이 상식이 정부나 지자체의 규제에서는 잘 들어맞지 않는다. 많은 규제들은 근본적 원인을 치유하기보다는 증상을 치유하고자 한다. 우버, 타다 때문에 택시 기사가 힘들다고 하면 택시 기사를 돕는 규제가 만들어진다. 임차인이 월세가 높아 어렵다고 하면, 월세 상승을 규제하는 법을 만든다. 1회용품이 많아서 환경에 문제가 된다고 하면 바로 1회용품을 규제한다. 배가 아프다고 진통제만 먹으면 결국 더 아파질 뿐이다. 증상에 바로바로 대처하는 규제는 진통제와 같다. 결국 규제의 역설을 불러일으킨다.

오기의 규제를 막는 것도 중요하다. 규제도 인간이 하는 일이다. 처음부터 아무 문제없이 굴러갈 것으로 기대할 수는 없다. 시도를 해보고, 문제가 생기면 바로 그만두고 다른 방안을 찾아보면 된다. 그런데 규제에는 결과가 어떻든 끝까지 가겠다는 식의 고집이 적용되는 경우가 많다. 규제를 만든 사람과 집단이 자기 자존심과 정체성을 걸고 그 규제를 고수한다. 문제를 해결하기 위하여 규제를 했는데 문제가 해결되지 않고 오히려 심화되었으면, 그 다음에는 그 규제를 하지 않으면 된다. 하지만 현실은 같은 방식의 규제를 더 강화한다. 네가 이기나 내가 이기나 한번 해보자는 식의 규제가 더 만들어진다. 좋은 세상을 만들겠다는 규제는 증가하지만, 이런 식의 규제에서는 실제 세상이 나아질 수가 없다.

규제는 선한 의도대로 결과가 나오는 것이 아니다. 증상만을 대상으로 하는 규제는 사회의 병을 고치지 못한다. 규제를 가지고 사회 현실과 다퉈서는 안 된다. 보다 나은 규제를 만들기 위해서, 최소한 규제의 역설을 피하기 위해서 우리가 알고 있어야 할 사항이다.

2020년 6월
최성락

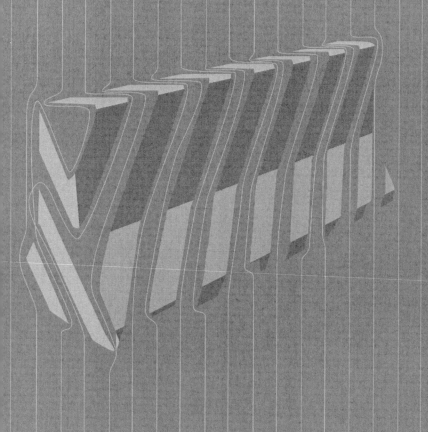

참고문헌

강휘원. (2000). 「정보프라이버시 보호를 위한 자율규제 : 한계와 정책적 시사」, 『한국행정학보』, 34(3), 111~128쪽.

강휘원. (2002). 「자율규제적 인터넷 거버넌스: 설계와 정책적 함의」, 『한국행정학보』, 36(3).

고길곤. (2006). 「작업장 안전 및 보건 규제 순응에 대한 실증연구: 미국의 작업장 검사 사례를 중심으로」, 『한국행정학보』, 40(4), 449~468쪽.

고재경. (2007). 「환경규제 분권화가 지역 환경관리에 미치는 영향: 경기도 사례를 중심으로」, 『한국사회와 행정연구』, 18(1), 145~175쪽.

고효진. (2017). 「식품안전규제의 근거기반 정책결정 관리방안 - 증거기반 정책결정으로서의 규제영향분석 제도 분석을 중심으로」, 『한국농식품정책학회 학술대회 논문집』, 121~138쪽.

구교준·최홍석·박성훈·조광래. (2007). 「팔당유역 규제의 기회비용과 경제적 파급효과 분석」, 『한국정책학회보』, 16(3), 115~146쪽.

권상장. (2000). 「무역학회지」, 『선물시장발전과 자율규제』, 25(3), 345~378쪽.

김경범. (2015). 「정책대상집단의 주차규제정책 불응요인에 관한 연구 : 합리적 행동이론을 중심으로」, 『한국콘텐츠학회논문지』, 제15권, 제6호, 215~226쪽.

김동현·최영훈·이승철. (2002). 「정부규제가 기술혁신과정에 미치는 효과 / 정부출연 연구기관을 중심으로」, 『한국정책학회보』, 11(2), 121~140쪽.

김두래. (2007). 「규제연방체제에서 정부 간 정책선호갈등이 규제관료의 집행행태에 미치는 영향: 미국 산업안전보건 규제를 중심으로」, 『한국행정학보』, 41(1), 93~112쪽.

김두래. (2010). 「지방정책네트워크가 분권적 규제집행에 미치는 영향: 한국 지방정부 환경규제를 중심으로」, 『한국행정학보』, 44(4), 183~202쪽.

김렬. (2000). 「지방채무 규제정책: 미국 주(州)의 규제제도와 채무수준의 변화」, 『한국행정학보』, 34(2), 179-197쪽.

김만섭. (2003). 「인터넷상에서의 민간자율규제의 구성에 관한 분석 틀 검토 : 유해정보 규제주체자의 합리적 선택모형」. 『사이버커뮤니케이션 학보』, 11(1), 67~99쪽.

김봉현·유중곤. (2003). 「비교광고 규제변화에 따른 광고실무자들의 인식에 관한 실증적 연구: 비교표시,광고에 관한 심사지침을 중심으로」, 『광고학연구』, 14(4), 281~304쪽.

김상헌. (2010). 「정부규제와 경제성장: 이론적 배경에 기초한 실증분석」, 『행정논총』, 48(3), 59~82쪽.

김성준·이준수. (2004).「사회마케팅을 통한 환경규제의 실효성 확보방안: 서울시 자동차공회전 제한에 관한 규제 사례를 중심으로」,『한국행정연구』, 13(1), 65~88쪽.

김영수. (2004).「규제와 규제권한 확대간의 갈등 및 해결방안에 관한 연구 - 신문고시 제도 사례를 중심으로」,『지방정부연구』, 8(4), 355~379쪽

김영평·최병선·신도철 편저 (2006).「규제의 역설」,『삼성경제연구소』.

김용우. (2000).「한국정부의 규제개혁 추진실태 및 향후 과제」,『한국정책과학학회 보 제4권 제2호』, 57~94쪽.

김유환. (2019).「규제영향분석에서의 비용-편익분석의 개선방안과 법적 문제」,『공 법연구』, 48(2), 241~276쪽

김인자·박형준. (2011).「과학기술 규제 정책의 형성과 변동 과정분석 - 생명윤리 및 안 전에 관한 법률을 중심으로」,『한국정책학회보』, 20(1), 111~150쪽.

김정해. (2005).「IMF 위기이후 대기업 규제개혁과 국가역할의 변화: Steven K. Vogel 의 재규제와 규제국가 논의를 중심으로」,『행정논총』, 43(4), 327~355쪽

김정해·이혜영. (2008).「참여정부 규제개혁의 성과평가: 전문가 의견조사를 중심으 로」,『한국행정학보』, 42 (2).

김정환 외. (2014).「수평적 규제체계로의 전환에 대한 연구: 국민들의 인식을 중심으 로」,『정보통신정책연구』, 21(1), 85~108쪽.

김태윤. (2011).「규제영향분석에 있어 편익 평가 및 측정의 타당성에 관한 연구」,『규 제연구』, 20(2), 3~31쪽.

김태은. (2007).「정책 딜레마상황이 정부규제에 미치는 영향에 관한 연구 - 수도권 입 지규제의 변화를 중심으로」,『한국정책학회보』

김태은·구교준. (2007).「정부규제와 외국인 직접투자: 규제는 과연 독인가」,『한국행 정학회 추계학술대회 발표문』

김홍범. (2007).「금융규제감독의 경과와 개선과제」,『금융연구』, 21쪽..

김홍주. (2013).「지방자치단체의 환경규제정책 결정 요인에 관한 분석 - 환경오염행 위 신고포상금제도를 중심으로-」,『한국정책학회보』, 22(1), 267~299쪽.

김홍주·이은국·이강래. (2012).「정부규제가 조직의 부패에 미치는 영향에 관한 연구 - 중앙행정부처를 중심으로」,『한국정책학회보』, 21(4), 343~376쪽.

노화준. (2005).「고품질 규제발전을 위한 규제영향분석제도에 관한 연구 - 미국 EPA 의 사례 분석과 인프라 구축에 대한 정책적 시사-」,『한국정책학회보』, 14(4),

165~193쪽.

도동준 외. (2009). 「사이버공간에 대한 이용자 인식이 규제 수용에 미치는 영향: 블로그 이용자를 중심으로」, 『한국사회』, 10(2), 3~44쪽.

박성민. (2006). 「거래비용과 규제제도의 설계: 증권관련집단소송제도를 중심으로」, 『한국행정학보』, 40(4), 531~551쪽.

박성빈. (2012). 「금융청 설치 이후 일본 금융규제시스템 하에서의 관민관계- 일본 금융규제 감독자의 인식조사 결과를 바탕으로-」, 『일본연구논총』, 36(0), 85~111쪽.

박영주. (2002). 「적대적 M & A 와 정부규제완화: 기업효율성 대 시장지배간의 관계」, 『한국행정학보』, 36(1), 77~98쪽.

박용성. (2007). 「공정거래 규제레짐에 대한 비교 분석: 한국, 미국, 일본 3개국을 중심으로」, 『한국사회와 행정연구』, 18(2), 147~166쪽.

박우귀·권상희. (2014). 「방송통신내용 규제에 대한 이해관계자 집단 간의 인식차이 연구: 융합미디어와 소셜미디어 성격과 규제인식을 중심으로」, 『스피치와 커뮤니케이션』, 24(0), 7~48쪽.

박장호. (2012). 「규제영향 분석시 사회적 할인율에 대한 연구」, 『현대사회와 행정』 22(3), 29~51쪽

박정원·이성흠. (2010). 「가상공간의 "악성 댓글"에 대한 자율규제와 네티켓교육」, 『교육법학연구』, 22(1), 21~47쪽.

박희서. (2005). 「식품안전규제의 통제과정이 기회주의 행태에 미치는 영향: 학교급식을 중심으로」, 『한국사회와 행정연구』, 15(4), 417~435쪽.

변동현 외. (2006). 「데이터방송 인터랙티브 게임 규제 및 이용자 인식에 관한 연구: 승부게임을 중심으로」, 『한국언론정보학보』, 35(0), 250~293쪽.

사공영호·하혜수·권해수. (2000). 「규제개혁의 성과 평가: 김대중 정부 2년을 중심으로」, 『한국사회와 행정연구』, 11(1), 43~60쪽.

서성아. (2011). 「독립규제기관의 독립성이 조직성과에 미치는 영향: 공정거래위원회를 중심으로」, 『한국행정학보』, 45(2), 241~268쪽.

송유철. (2002). 「국민의 정부 규제개혁 성과 평가」, 『한국정책학회 하계학술대회 발표문』, 1~24쪽.

신희권. (2005). 「정책사례 ; 재벌규제정책 실패사례로서의 주력업체제도」, 『한국정책학회보』, 14(3), 285~315쪽.

심준섭. (2004). 「불확실성과 정책오차의 이중성(duality of policy errors): 신용카드사

규제정책을 중심으로」,『한국행정학보』, 38(6), 131~153쪽

안승호 외. (2012).「기업의 자연환경규제 인식유형에 따른 규제순응 차이에 관한 연구」,『유통경영학회지』, 15(1), 5~22쪽.

옥화영. (2008).「공정거래정책의 집행효과와 영향요인: 규제자와 피규제자 간의 인식 차이」,『한국공공관리학보』, 22(3), 53~75쪽.

유현종. (2007).「주택정책에 관한 사회적 의사결정과 공공선택적 접근: 개인의 선택과 정부규제에 대한 비판적 검토」,『행정논총』, 45(2), 221~252쪽.

이동규·서인석·박형준. (2009).「주택정책 규제수단으로서 DTI 규제정책의 효과 분석 -System Dynamics를 활용한 시뮬레이션 분석」,『한국정책학회보』, 18(4), 207~236쪽.

이미홍·조영태. (2008).「개발제한구역 조정에 따른 규제 지역별 주민의 제도 인식 차이 분석」,『한국사회와 행정연구』19(2), 123~143쪽.

이민창. (2003).「자율규제의 성공요인과 한계: 신문판매공정규약사례를 중심으로」,『한국사회와 행정연구』, 14(3).

이민호. (2010).「규제개혁을 위한 형평성 기준의 제고 방안: 중소기업 규제영향평가, 한시적 규제유예, 규제형평위원회의 사례를 중심으로」,『한국행정학보』, 44(3), 261~289쪽.

이민호. (2018).「규제영향분석과 규제사후영향평가 - 대체적 혹은 보완적 관계?」,『한국정책학회보』, 27(4), 195~224쪽.

이병식. (2003).「고등교육 규제에 대한 인식 분석」,『고등교육연구』 14(1), 121~143쪽.

이성우. (2000).「규제영향분석제도의 효과적 집행방안」,『한국정책학회보』, 9(2), 141~162쪽.

이수범. (2007).「방송광고 규제제도에 대한 탐색적 연구: 광고인과 소비자 인식 비교를 중심으로」,『광고학연구』, 18(3), 7~28쪽.

이시철. (2005).「규제순응의 동기 요인 및 그 상대적 크기 비교가능성」,『한국행정학보』, 39(4), 347~369쪽.

이영범·지현정. (2011).「환경규제, 기술혁신, 생산성과의 관계: Porter 가설을 중심으로」,『한국행정학보』, 45(1), 171~197쪽.

이영범·최무현. (2006).「OECD 국가의 규제개혁기구 비교 연구 - 조직 유형과 기능적 하위구조를 중심으로-」,『한국행정논집』, 18(2), 585~609쪽.

이용규, 김지수. (2014).「신뢰의 확산이 사회적 규제 적합성 인식에 미치는 영향에 관

한 실증적 연구」,『국가정책연구』 제28권, 제1호, 1~24쪽.

이재연. (2004). 「금융규제의 운영실태분석과 개선방안 KIPA 연구보고」,『한국행정 연구원』

이종한. (2006). 「금융분야 규제영향분석 활성화 방안에 관한 연구」,『한국행정학회 학술발표논문집』, 21~49쪽.

이종한·최무현. (2004). 「국민의 정부의 규제개혁 성격에 관한 실증 연구 -규제개혁 위 원회 등록규제 데이터베이스 분석을 중심으로-」,『한국정책학회보』, 13(2), 37~66쪽.

이진석. (2013). 「기업활동 규제가 기업성과에 미치는 영향」,『규제연구』, 22(1), 63~94쪽.

이학노·최혁준. (2013). 「글로벌 경쟁력 제고를 위한 중견기업의 과제와 개선방 안」,『무역학회지』, 38(3), 127~147쪽.

이혁우 외. (2011). 「의원입법에 대한 규제영향분석의 필요성 연구」,『규제연구』, 20(1), 33~61쪽.

이혁우. (2009). 「지원정책 프로그램의 규제적 속성과 그 유발 메커니즘의 규명: 미 신고 복지시설 지원 프로그램에 대한 분석을 중심으로」,『한국행정학보』, 43(3), 173~196쪽.

이혜영 외. (2007). 「규제영향분석의 효과적 시행을 위한 역량 연구 -공무원 인식조사 를 중심으로-」,『한국정책학회보』, 16(2), 181~210쪽.

이혜영. (2004). 「기업구조조정촉진법 도입과정 분석: 규제공간 개념의 적용」,『한국 사회와 행정연구』, 15(3), 305~328쪽.

이혜영. (2005). 「금융규제정책 변동에 있어서 제도적 제약에 관한 연구 -규제기관의 제도적 구조와 관행을 중심으로-」,『한국정책학회보』, 14(1), 1~28쪽.

이혜영·최성락. (2008). 「온라인 쇼핑업체 규제에 관한 연구」,『한국사회와 행정연 구』, 18(4).

이혜영·최성락. (2009). 「규제 집행에 있어서 지방정부로의 비재정지원 위임에 관한 연구」,『지방정부연구』, 12(4).

이혜영·최성락. (2010). 「유사행정규제에 관한 탐색적 연구: 공공기관 정관을 중심으 로」,『한국규제학회 춘계학술대회 발표논문』.

전국경제인연합회. (2013). 「우리나라 규제현황과 개선방안」,『규제개혁 시리즈』.

전영평·이곤수. (2008). 「유전자변형생명체(GMO) 규제의 정치: 규제삼각형과 옹호연 합모형의 결합을 통한 EU의 GMO 규제 역동성 분석」,『행정논총』, 46(1),

33~62쪽.

전영평·장임숙. (2004). 「규제거버넌스와 NGO의 정책 참여: 기여와 한계」, 『한국행 정학보』, 38(3), 281~300쪽.

정중재·정혜연. (2011). 「정부의 기업규제 개선조치가 기업활동에 미치는 영향」, 『한 국엔터테인먼트산업학회논문지』, 151~158쪽.

조성한. (2008). 「좋은규제: 통제수단에서 정책도구로」, 『정부학연구』 14(4).

조정래. (2011). 「재정적 정부관계와 규제적 정부관계에 대한 인식의 차별: 미국 주정 부 공무원의 인식 속에 존재하는 두 차원의 정부관계」, 『정부학연구』 17(2), 259~289쪽.

조화순·김민정. (2010). 「인터넷 규제정책의 굿 거버넌스 모색」, 『한국정책학회보』, 19(3), 57~79쪽.

지광석·김태윤. (2010). 「규제의 정당성에 대한 모색: 시장실패의 치유 vs. 거래비용의 최소화,경감」, 『한국행정학보』, 44(2), 261~289쪽.

최무현. (2008). 「규제개혁 추진기구의 개선방향」, 『한국행정포럼』, 16~23쪽..

최무현. (2013). 「위험 및 안전 분야 규제영향분석제도의 개선방안에 관한 연구」, 『한 국위기관리논집』, 9(9), 1~24쪽.

최병선. (2009). 「규제수단과 방식의 유형 재분류」, 『행정논총』, 47(2), 1~30쪽.

최병선. (2012). 「규제(및 규제완화)의 원인과 경제사회 효과 -최근의 논쟁에 대한 규 제정치 이론의 시사점-」, 『한국정책학회보』, 21(3), 1~31쪽.

최성락 외. (2007). 「한국 자율규제의 특성에 관한 연구: 자율규제 유형화를 중심으 로」, 『한국공공관리학보』, 21(4): 73~96쪽.

최성락. (2006). 「MMORPG 사이버공간에 대한 규제 패러다임에 관한 연구: 온라인 게임 아이템 거래 문제를 중심으로」, 『행정논총』, 44(2).

최성락. (2007). 「온라인게임 아이템거래 규제 타당성에 관한 연구」, 『한국게임학회 논문지』, 7(2).

최성락. (2009). 「규제는 왜 이루어지는가: 규제의 근거에 대한 재고찰」, 『한국정책학 회 추계학술대회 발표문』.

최성락. (2009). 「자율규제-공동규제 논의의 의의 및 한계」, 『한국정책학회 동계학술 대회 발표문』.

최성락. (2009). 「정책과 규제의 개념적 차별성에 관한 고찰」, 『한국정책학회 하계학 술대회 발표문』.

최성락. (2010). 「경제적 규제와 사회적 규제 분류 체계에 대한 고찰」, 『한국정책학회 춘계학술대회 발표논문』

최성락. (2010).「이해관계자 모델에 의한 규제 유형 분류」,『한국정책학회 하계학술
　　대회 발표논문』.

최성락. (2011).「행정 사례 연구 - 미술품 양도세의 정책 과정」,『한국행정학회 공동
　　학술대회 발표논문』.

최성락. (2011).「행정 사례 연구 -섯다운제 정책 과정」,『한국행정학회 추계학술대회
　　발표논문』

최성락. (2012).「사행성 게임 베팅 상한성 규제의 적정성 연구」,『한국행정논집』

최성락. (2013).「갈라파고스적 규제의 타당성에 대한 소고」,『한국행정학회 동계학
　　술대회 발표논문』

최성락. (2013).「사행산업 총량규제 정책 -정책과정과 쟁점」,『한국정책학회 춘계학
　　술발표논문집』

최성락. (2013).「한국의 규제연구 동향 분석(1990-2012)」,『한국사회와 행정연구』,
　　24(2): 339-366쪽.

최성락. (2013).「현행 한국 자율규제의 특성 및 한계」,『한국경제연구원 세미나 발표
　　자료』.

최성락. (2014).「경쟁제한적 규제 개선방안 마련을 위한 연구(게임·관광 산업)」,『공
　　정거래위원회 보고서』.

최성락. (2014).「대마초에 대한 대응 정책」,『한국정책학회 동계학술대회 발표논문』.

최성락. (2014).「샵메일 제도 도입 및 활용」,『한국정책학회 추계 학술대회 발표
　　논문』.

최성락. (2014).「식약청 PPA 사용에 대한 의약품 정책 사례 연구」,『한국행정학회 세
　　계행정학술회의 발표논문』

최성락. (2014).「용산 철거민 사태에서의 정책적 쟁점」,『한국정책학회 춘계학술대
　　회 발표논문』.

최성락. (2014).「전남 영암 F1 유치사업의 타당성 사례연구」,『한국정책학회 하계학
　　술대회 발표논문』.

최성락. (2014).「주폭에 대한 대응 정책 과정」,『한국행정학회 동계학술대회 발표
　　논문』.

최성락. (2015).「NC 다이노스 마산 야구구장 부지 결정」,『한국정책학회 하계학술대
　　회 발표논문』.

최성락. (2015).「정부 규제에 대한 국민의 인식 조사 연구」,『한국정책학회 춘계학술

대회 발표논문』.

최성락. (2016). 「경쟁제한적 규제 개선방안 마련을 위한 연구 (레저 분야)」, 『공정거래 위원회 보고서』

최성락. (2016). 「알뜰 주유소 사업 정책의 시행」, 『한국정책학회 추계학술대회 발표 논문』

최성락. (2016). 「연령별 규제 인식 차이에 관한 연구」, 『한국콘텐츠학회 논문지』, 16(3): 586~595쪽.

최성락. (2016). 「우유가격 원가연동제 정책의 타당성에 대하여」, 『한국정책학회 동 계학술대회 발표논문』.

최성락. (2016). 「제주도 리가르도 레고레타 건축물 철거 정책」, 『한국정책학회 춘계 학술대회 발표논문』.

최성락. (2016). 「한중 마늘 파동 무역 정책 및 협상 사례」, 『한국정책학회 하계학술대 회 발표논문』

최성락. (2017). 「규제 신뢰 영향 요인에 관한 연구: 정부 신뢰의 매개 효과를 중심으 로」, 『한국콘텐츠학회 논문지』 17(4), 621~628쪽.

최성락. (2017). 「효율적인 사례교육을 위한 규제정책 사례연구 – 우버 택시에 대한 사업 규제 사례」, 『한국행정연구원 연구보고서』.

최성락. (2017). 「효율적인 사례교육을 위한 규제정책 사례연구 – 헤이딜러 중고자동 차 경매규제 사례」, 『한국행정연구원 연구보고서』

최성락. (2019). 「규제 신뢰에 영향을 미치는 사회적 요소에 대한 연구. 규제연구」, 28(2), 63~86쪽.

최성락. (2019). 「규제 혁신 5법 집행 과정에서의 한계에 대한 고찰」, 『한국규제학회 학술대회 발표논문』.

최성락. (2019). 「중소기업 활력 회복을 위한 규제 개선 과제 연구」, 『중소기업중앙회 보고서』.

최성락. (2020). 「원유 ETN 가격 변동에 대한 정부의 대응 및 규제」, 『한국행정학회 하계학술대회 발표논문』

최성락. (2006). 「온라인게임 아이템거래 규제에 관한 연구」, 『서울대학교 박사논문』.

최성락·박정아. (2005). 「공정거래위원회 수평기업결합 규제의 성과 평가 연구: SK텔 레콤 심결사례를 중심으로」, 『행정논총』, 43(2), 131~153쪽.

최성락·이혜영. (2020). 「규제영향분석서 비용편익분석 부문의 실태에 관한 연구」, 『규제연구 29(1)』, 3~34쪽.

최성락·이혜영·서재호. (2006). 「한국행정연구」, 『영상물등급위원회의 자율규제 방안에 관한 연구』, 15(4), 83~110쪽.

최성락·이혜영·서재호. (2007). 「한국 자율규제 특성에 관한 연구」, 『한국공공관리학회보』, 21(4).

최성락·이혜영·김난영. (2014). 「규제 민원 행정 불만요인 분석」, 『감사원』.

최신융. (2011). 「비교규제연구의 지평, 초점, 그리고 방법론」, 『한국사회와 행정연구』, 21(4), 429~457쪽.

최유성 외. (2008). 「공동규제 활용방안에 관한 연구」, 『한국행정연구원』

최유성. (2002). 「규제개혁과 정부개혁의 연계방안에 관한 연구」, 『한국행정연구원』

최정민·배관표·최성락. (2013). 「예술인복지법 정책결정과정 연구 : Kingdon의 정책흐름모형을 중심으로」, 『한국콘텐츠학회 논문지』, 13(5), 243~252쪽.

최진욱 외. (2007). 「참여정부의 규제개혁에 대한 체감도 분석」, 『한국정책학회보』, 16(1), 73~97쪽.

최진욱·구교준·김태은. (2007). 참여정부의 규제개혁에 대한 체감도 분석.『한국정책학회보』, 16(1):73-97.

최창호. (2006). 규제완화 전후 제조업 화주의 인식 변화 연구. 로지스틱스연구 14(1): 23-42.

하현상. (2012). 「그린경제발전을 위한 에너지 효율적 사용 기술개발 정책수단의 채택: 인센티브와 규제완화」, 『한국행정학보』, 46(2), 1~27쪽.

한국행정연구원. (2018). 「2018년도 규제정책 사례연구」, 『케이에스센세이션』.

한국행정연구원. (2018). 「Regulatory Reform and Regulatory Impact Analysis In Korea」, 『한국행정연구원 연구보고서』.

한국행정학회·행정사례연구회. (2014). 「같은 방향, 다른 행로? : 중앙부처 간 갈등과 협력 사례」, 『대영문화사』.

한영환·이성로. (2002). 「한국의 정치상황과 규제개혁의 한계-기업규제정책을 중심으로-」『한국정책학회보』, 11(2), 141~166쪽.

홍성만·주재복. (2003). 「한국행정학보」, 『자율규칙형성을 통한 공유재 관리: 대포천 수질개선사례를 중심으로』, 37(2), 469~494쪽.

황성기·최승훈. (2001). 「인터넷과 윤리 : 인터넷 컨텐츠 자율규제의 개념과 장치들」, 『정보와사회 3』, 222~252쪽.